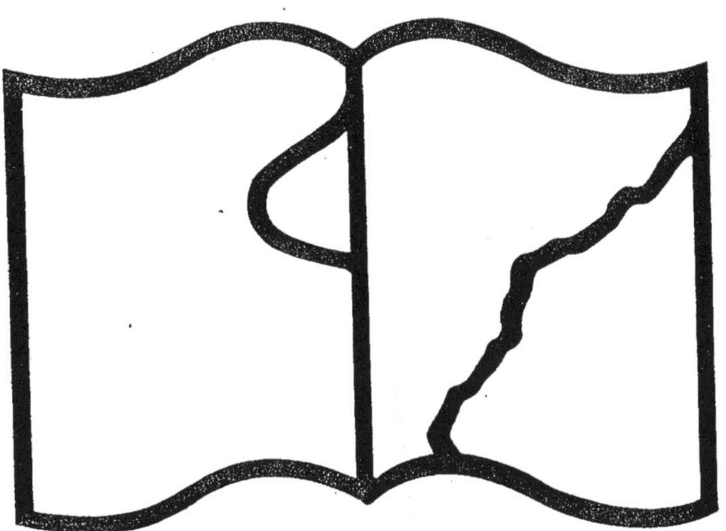

Texte détérioré — reliure défectueuse

NF Z 43-120-11

M. Orsley père

Don de M. Schoelcher

MÉMOIRE

SUR

LA GUYANE FRANÇAISE.

MÉMOIRE
SUR
LA GUYANE FRANÇAISE,

PAR J. A. A. NOYÉR,

CHEVALIER DE L'ORDRE ROYAL DE LA LÉGION-D'HONNEUR, ANCIEN INGÉNIEUR-GÉOGRAPHE, HABITANT-PROPRIÉTAIRE ET DÉPUTÉ DE CETTE COLONIE, EN FRANCE.

Adressé en 1819,

A M. DE LAUSSAT, ALORS COMMANDANT ET ADMINISTRATEUR, POUR LE ROI.

Publié

SOUS LE GOUVERNEMENT DE M. LE BARON MILIUS, EN MARS 1824.

A CAYENNE,

DE L'IMPRIMERIE DU ROI.

MÉMOIRE SUR CAYENNE.

On a beaucoup écrit sur Cayenne. Parmi les ouvrages les plus anciens sur cette Colonie, celui du père BIET, est sans-contredit, le plus véridique, et le plus intéressant: il est précieux surtout par son exactitude, et par les détails qu'on y trouve sur l'origine de la Colonie et sur les malheureux événements qui ont signalé sa fondation. Les funestes auspices, sous lesquels elle a commencé, étaient comme le présage de l'état d'enfance dans lequel elle a si longtems demeuré!.... Les ouvrages les plus modernes, qui ont été publiés sur Cayenne, n'offrent en général que des vues fausses, des rapports inexacts, et des récits fabuleux. Presque tous ont été écrits par des hommes qui n'ont fait que passer dans cette Colonie, ou qui ne la connaissaient qu'imparfaitement. Aucun de ces auteurs n'a parcouru cet intéressant pays; aucun n'en a étudié le physique ni observé les cultures; quelques uns, comme LEBLOND, ont remonté les rivières sans beaucoup s'écarter des bords, et en ont rapporté seulement quelques échantillons Minéralogiques, qu'ils étaient incapables de classer eux-mêmes: on doit en excepter pourtant M. CHAPELLE, Ingénieur des mines, qui n'a point écrit, mais qui a donné une bonne carte Minéralogique quoique peu étendue. Nous ne ferons point ici l'énumération de tous les ouvrages qui ont été publiés sur Cayenne. Nous nous bornerons à citer la correspondance ministérielle de

M. MALOUET, comme le seul où l'on peut puiser des connaissances exactes et vraiment utiles, et où l'on trouve les vues grandes et libérales, qui devaient donner à cette Colonie une nouvelle existence. Son livre est entre les mains de tout le monde. Mais le Pays a subi tant de vicissitudes depuis l'époque où écrivait ce célèbre Administrateur, que le tableau qu'elle présentait alors était bien différent de celui qu'elle offre aujourd'hui.

La tâche, que nous nous imposons ici, n'est pas de faire l'histoire de la Colonie, depuis sa naissance jusqu'à nos jours, ni de l'examiner tout ensemble sous ses rapports physiques, agraires, statistiques etc, ni enfin d'offrir un tableau complet de ses destinées passées, présentes et à venir : une telle entreprise serait au dessus de nos forces ; nous voulons seulement présenter quelques vües générales sur cette intéressante contrée. Nous le considérerons particulièrement sous ses rapports géographiques et agronomiques ; heureux, si, de nos observations et des considérations qui vont nous occuper, découlent quelques vérités utiles à notre Patrie !!....

LIMITES.

La Guyane Française a eu successivement du côté du *Sud-Est* plusieurs limites. Les dernières, qui ont été déterminées par le Congrés de Vienne, sont fixées provisoirement à la rivière d'Oyapock, dont les droits à la rive droite sont déclarés en suspens dans la possession des Portugais (*a*). du côté de l'Ouest, la rivière de Marôny a toujours été la limite entre la Guyane Française

(*a*) Par la convention faite à Paris, en date du 28 août 1817. Les limites entre la Guyane Française et la Guyane Portugaise sont : la rivière d'Oyapock située entre

et la Guyane Hollandaise; par conséquent, elle est comprise entre le 53ème dégré 51^{m} de longitude et le 56° 21^{m}. L'étendue de la Guyane Française de l'Est à l'Ouest mesurée sur un parallèle est donc de 75 lieues. Vers le nord, elle est bornée par la mer, et vers le Sud, son étendue est à peu-près indéterminée. La ville de Cayenne, qui est le *Chef-lieu*, est située par 4° 56^{m} de latitude Nord, et par 54° 35^{m} de longitude occidentale.

La position de la ville, au bord de la mer, en rend le séjour plus salutaire que celui des Antilles. Il y pleut ordinairement 8 à 9 mois de l'année: la saison des pluies commence dans les premiers jours de novembre, et se termine à la fin de juin, et plus souvent encore dans le cours de juillet. Les pluies sont quelquefois interrompues par 3 ou 4 semaines de beau tems, qui arrivent pour l'ordinaire vers le mois de mars: ce qui fait donner à ce petit été le nom *d'été de mars;* mais bientôt après les pluies recommencent avec une abondance prodigieuse: il n'est pas rare qu'elles tombent sans interruption 6 à 7 jours de-suite. C'est cette époque de l'année qui coïncide avec le mois de mai, que les nègres appèllent la *Poussinière*, parceque la constellation des Pleïades, (qu'on nomme ici la *Poussinière*) cesse de paraître alors la nuit sur notre hémisphère. A ces pluies excessives succède presque tout-à-coup le beau tems, le tems sec, qui dure jusqu'en novembre: quelquefois la sécheresse est extrême dans cette saison, et souvent il ne tombe pas un grain de pluie pendant tout le cours de septembre et octobre.

---

le 4eme. et le 5eme. degré de latitude Nord, et à 322^{ds}. à l'Est du Méridien de l'île de Fer, par le parallèle de 2°. 24^{m}. de latitude Septentrionale.

On ne connait donc, ici, que deux saisons, celles des pluies qu'on appelle l'hiver, et celle du beau tems que l'on nomme l'été. Elles ne sont point démarquées avec régularité, comme en Europe; car souvent le beau tems, ou le tems sec, se prolonge jusqu'à la fin de décembre, et quelquefois les pluies n'ont pas encore cessé à la fin de juillet. Ordinairement la saison des pluies est annoncée par le bruit du tonnère; qui gronde dans le nord où à la mer; et les orages qui viennent du Sud ou des terres sont toujours les précurseurs du beautems. Entre ces deux époques, il est très rare d'entendre le tonnère, surtout à la ville. Le crépuscule dure très peu de tems. La différence entre le plus grand jour et le plus petit est de 36 minutes.

Des observations météorologiques, qui ont été suivies pendant un grand nombre d'années, prouvent, qu'année commune, il tombe à Cayenne 120 pouces d'eau; il en tombe bien d'avantage dans l'intérieur.

Il semblerait qu'un climat qui réunit les extrêmes de l'humidité et de la sécheresse, et où la transition de l'une à l'autre est presque toujours subite et sans gradation, devrait donner naissance à une infinité de maladies. Cependant le pays n'est pas mal sain, ainsi que nous l'avons déjà observé (*b*). On n'y connaît aucune maladie Endémique. On y a éprouvé quelquefois des épidémies, comme des fièvres *Catharrales*, la fièvre *Jaune*, et la petite vérole (*c*).

(*b*) Il y a ici de fréquens exemples de longévité, qui prouvent encore en faveur de la salubrité du pays. Il existe, dans ce moment à Cayenne, deux femmes blanches qui sont plus que centenaires.

(*c*) La petite vérole est dans ce moment (*Mars* 1819.) dans la Colonie : plusieurs personnes en sont déjà mortes : heureusement Mr. FRÈRE Négociant, et pro-

Mais ces deux dernières maladies surtout y ont été introduites par des Bâtimens venants d'autres ports. Par suite de cette fatalité qui fait que nous jouissons toujours les derniers des avantages que procurent les nouvelles découvertes, la Colonie a été fort longtems sans avoir la vaccine, malgré les soins qu'on avait pris pour nous la procurer: il n'y a que quatre ans, pour la première fois qu'elle a été apportée de la Martinique de bras-à-bras, les autres moyens n'avaient pas réussi; mais elle a été bientôt perdue. On a cependant vacciné un grand nombre d'individus. On a remarqué que le vaccin pris sur les *Pianistes* n'inoculait pas les pians. Les fièvres les plus communes sont les fièvres intermittentes; et, parmi les fièvres aigües, les fièvres eminemment malignes ou pétéchiales sont les plus rares.

Les *Pians* sont très communs parmi les nègres, ainsi que dans les autres Colonies. Les blancs en sont rarement atteints; mais quand ils ont le malheur de les gagner, ils en sont bien plus maltraités que les nègres. La Lèpre se développe quelquefois chez des individus par dégénérescence de la syphissis, ou à la suite de l'espèce de pians qu'on nomme *Pians rouges mal-traités*: comme cette maladies est contagieuse, on séquestre, ainsi que nous le verrons plus loin, les personnes qui en sont at-

---

priétaire de la Colonie, est arrivé de Bordeaux et en a rapporté la vaccine, qui a parfaitement réussi: un très grand nombre d'individus a déjà été vacciné, et on vaccine tous les jours; depuis 24 ans, c'est la 2eme fois que je vois la petite vérole introduite dans la Colonie. La fièvre jaune n'a eu lieu qu'une seule fois, en 1806; mais elle a exercé alors assez de ravages, surtout parmi les hommes de mer, et les Européens nouvellement arrivés.

teintes. L'éléphantiasis, qui est une modification de la lèpre, n'est pourtant pas contagieuse : on voit meme des femmes lépreuses donner naissance à des enfans sains et bien portans.

POPULATION.

La population blanche s'élève à 1025 individus ; celle des hommes de couleur et nègres libres se monte à 1682 ; le nombre des nègres esclaves est de 13,200. On devait penser qu'à la faveur du pavillon Portugais, sous lequel la Colonie a été pendant neuf ans, l'introduction des nègres y aurait été considérable ; mais la quantité en est demeuré à peuprès la même qu'avant l'occupation.

INDIGÈNES.

Les nations ou peuplades indigènes sont aujourd'hui réduites à un très petit nombre d'individus. Autrefois toutes les rivières étaient habitées par un grand nombre de Naturels formant plusieurs nations différentes : on en comptait vingt-sept, depuis l'Amazône jusqu'à Surinam, qui constituaient une population de 20 à 25000 individus (*d*). La nation Galibis, qui habitait plus particulièrement les rivières situées à l'Ouest de Cayenne, était aussi la plus nombreuse. Leur langue était la plus généralement répandue parmi les naturels et elle étoit entendue par toutes les nations depuis l'Amazône jusqu'à l'Orénoque. *Antoine* BIET, à la fin de son voyage, a donné un vocabulaire de cette langue. On assure que ce vocabulaire n'est pas très bon, et qu'il contient beaucoup de mots qui ne sont pas

(*d*) Il n'y a peut-être pas aujourd'hui, dans la Colonie, 200 individus *portant flèches* : quelle effrayante différence !...

Galibis; ce qui provient, sans doute, de ce que le Père BIET, en fesant son dictionnaire, a consulté des indigènes de différentes nations, qui parconséquent parlaient différentes langues. Sans faire le dénombrement de toutes les nations diverses, qui habitaient les rivières et l'intérieur de la Guyane, nous ferons connaître seulement celles qui, par leur rapprochement, avaient le plus de relations avec les Européens.

Les Pirious, les Calipours, les Maraonnes, habitaient au-delà de l'Oyapock, et l'Oyapock même; les Coussaris et les Noragues étaient établis plus particulièrement à Approuague et à Kaw; les Galibis occupaient toutes les autres rivières depuis *Mahury*, jusqu'au *Marôny*. Toutes ces peuplades aujourd'hui sont presque éteintes. C'est à tort que l'Abbé RAYNAL a attribué leur destruction aux mauvais traitemens des Européens: la *férocité Européenne*, dit-il en a si fort diminué le nombre etc. Le Gouvernement les a au contraire toujours protégés, et les habitans les ont toujours payés et bien traités quand ils les ont employés. Les Indiens naturellement jaloux et vindicatifs sont accusés d'employer souvent le poison pour se débarasser de leurs femmes infidèlles et de leurs ennemis. Ils sont d'ailleurs sujets au flux de sang, qui en enlève, tous les ans, un très grand nombre. Le poison et la dyssenterie, voilà les principales causes de leur destruction! Si à ces causes on ajoute l'état d'isolement et d'éloignement dans lequel ils vivent et leur extrême indifférence, qui leur a fait négliger et oublier peut être les moyens curatifs employés par leurs pères dans les différentes maladies, on sera certain de ce qui a occasionné le dépérissement de ces nations. En effet, les Indiens sont de tous les hommes les plus paresseux. Cet éloignement pour le travail les porte à vivre isolés et distribués en petits villages éloignés les uns des autres : de là l'impossibilité de se porter des secours mutuels. Il est cependant des peuplades, telles que celles établies depuis l'Oyapock jusqu'à l'Amazône, qui sont plus laborieuses. Celles de l'intérieur des terres sont très industrieuses : parmi ces dernières on remarquait les *Rocoyénnes*, chez lesquels on avait trouvé un commencement de civilisation, au rapport de M. MENTELLE, et de M. PATRIS qui les avaient visités; mais cette nation a été presqu'entièrement détruite, il n'y a pas longtems par les *Oyampis*, dont nous allons parler.

OYAMPIS.

Il y a environ cinq ans, pour la première fois, que les Indiens Oyampis sont descendus chez les Indiens d'Oyapock. Quelque tems auparavant, des habitans d'Oyapock ayant été chasser au-delà des sauts, dans dans des îlets dont le fleuve est parsemé, furent apperçus par des Indiens *Oyampis*, qui étaient sur la rive. A peu-près à la même époque, une Indienne des villages d'Oyapock étant restée seule dans un carbet, dont tous les Indiens étaient absens, découvrit à son grand étonnement, des pas d'hommes fraîchement empreints sur le sable. Elle s'apperçut bientôt qu'elle était observée par un Indien étranger, qui disparut comme un éclair dès qu'il se crût découvert. L'Indienne rentra fort effrayée dans son carbet et ne manqua pas de raconter cet évènement aux autres aussitôt après leur retour. La nouvelle de cette apparition soudaine d'un Indien étranger se répandit bientôt parmi tous ceux d'Oyapock, qui s'armèrent de suite et allèrent à la découverte dans les bois et dans les rivières; mais en vain: ils ne rencontrèrent personne. Ce fut cinq ou six mois après, que sept indiens se présentèrent subitement au carbet, dont nous venons de parler, et se firent reconnaître pour indiens *Oyampis*, qui venaient faire amitié avec ceux d'Oyapock, et chercher à se procurer des ustensiles de fer. Les indiens de ce premier carbet, les conduisirent chez les autres peuplades, et chez les blancs avec lesquels ils firent *banaré* (*e*). On leur donna, à Oyapock, des vètemens, des hâches, des sabres, des couteaux, miroirs, rassades, etc., tous objets dont ils se montrèrent fort curieux! Ces Indiens, qui étaient venus par terre à Oyapock, en suivant les bords du fleuve, engagèrent nos Indiens à les reconduire chez eux: ceux-ci les ramenèrent par canots. Ils arrivèrent à leur dégras après 25 à 30 jours de navigation. Ce dégras est distant d'environ 4 jours de marche de l'établissement, où conduit un beau chemin bien entretenu.

Nos indiens furent très bien reçus des Oyampis, qui les comblèrent de présens, comme hamacs, flèches, arcs, etc.

Nous avons peu de détails sur leurs mœurs et leurs usages, qui n'ont pas encore été observés. Les hommes et les femmes sont généralement nuds: ils ont cependant des *Couyous* (petits tabliers de coton de la forme d'un trapèze dont le grand côté a environ dix à douze pouces);

(*e*) Mot Indien qui signifie *ami*, *amitié*.

mais ils ne les portent que dans les grandes occasions. Ils ne connaissent point la navigation; ce qui est d'autant plus étonnant qu'ils doivent souvent avoir besoin de parcourir le fleuve et de le traverser. Ils voyagent, par conséquent, toujours par terre. Au lieu de sel, qu'ils ne connaissent pas, ils employent la cendre des *Pineaux*, (espèce de palmiste,) pour assaisonner leurs mets. Ils ont montré une grande répugnance pour le sel marin et pour le taffia. Mais on assure que, depuis qu'ils communiquent avec nous, ils s'en accommodent très bien. Les seuls animaux domestiques, qu'on ait trouvé chez eux, sont les poules et des chiens qui sont excellents pour la chasse. Ils élèvent une grande quantité d'animaux sauvages, qu'ils apprivoisent. Ils avaient chez-eux deux soldats Portugais, déserteurs de la garnison de Cayenne, qui étaient arrivés là, en remontant toujours le cours du fleuve dans un petit canot: les Oyampis les avaient séquestrés dans un carbet séparé et leur avaient interdit toute communication avec eux; mais ils en avaient soin. Quand ils vinrent à Oyapock, ils demandèrent s'il fallait tuer ces deux hommes: on leur répondit que, parmi nous, on ne pouvait faire périr les hommes que quand ils s'étaient rendus coupables de quelque grand crime, mais qu'ils pouvaient les renvoyer, ils le promirent et tinrent parole. Les Oyampis qui paraissent avoir eû des communications avec les Portugais, les ont en horreur: ils disaient que, s'ils avaient crû ces déserteurs de nation Portugaise, ils les auraient massacrés. Depuis cette époque, les Oyampis sont venus plusieurs fois à Oyapock, et on a été souvent chez eux. Ils sont si curieux de rassades et d'instrumens de fer, qu'ils ont fouillé les tombes des Indiens inhumés à la mission de St-Paul, pour en retirer les colliers, les hâches, etc., qu'elles renfermaient. Ils sont d'une assez belle stature et plus blancs que nos indiens. Il y a environ deux ans, qu'on a conduit à Cayenne les premiers individus de cette nation: je les ai vûs: ils avaient la physionomie assez agréable; ils ne voulaient point boire de taffia, quelque instance qu'on leur fit, et quoi que les Indiens d'Oyapock, qui les accompagnaient, leur donnassent l'exemple. Dans la traversée d'Oyapock à Cayenne ils avaient eu une très grande frayeur de la mer, qu'ils ne connaissaient pas.

Les Oyampis étaient en guerre avec les *Rocoyennes*: ils les ont tous détruits. On a dit que ces nations étaient autropophages: Mr. Patris, que nous avons déjà cité, a crû voir manger de la chair humaine dans un village situé au-delà des sources du Marôny, sur le revers méridional de la grande chaîne de montagnes, qui vient des *Cordillères;* mais il n'a jamais affirmé le fait.

Industrie des Oyampis.

En général l'industrie des indiens est très bornée. Ils ne s'occupent que de choses qui leur sont indispensablement utiles, ou d'objets d'agréments, comme canots, arcs, flèches, hamacs, colliers, bracelets, plumages pour ornement. Ils sont d'une patience admirable dans l'exécution de ces petits travaux; ils sont réellement plus patiens qu'adroits. Ils marchent dans les bois si légèrement et si doucement, qu'ils approchent de très-près le gibier: aussi ils le tirent presqu'à coup sur. Ils ont la vue très bonne et très exercée; c'est ce qui les rend si habiles à flécher le poisson dans l'eau: il est assez curieux de leur voir faire cette chasse aux poissons; il faut pour cela que la rivière ou la mer soit calme. Celui qui flèche se tient debout à l'étrave du canot, immobile et attentif à découvrir le poisson, pendant que les autres *pagayent* sans bruit et dans le plus grand silence; le flècheur suit de l'œil le poisson, ses remous et son sillage, tandis qu'il indique de la main au patron du canot de quel côté il doit gouverner: quand il croit l'instant favorable, il lance sa flèche, qui presque toujours atteint le poisson, et comme cette flèche est attachée à l'arc par une longue corde, le poisson ne peut s'échapper en emportant la flèche.

Une de leurs chasses aux poissons des plus curieuses, est celle qu'il font à la *Carpe*, à *l'Aïmara*, au *Coumarou* etc. dans le haut des rivières. Ces poissons se nourrissent, dans la saison, des graines de carapa, ou autres qui tombent des arbres dans la rivière: comme ces graines sont flottantes, les Indiens, dans leurs canots, épient attentivement le long du bord le poisson, qui vient pour avaler ces graines; aussitôt qu'il se présente à la surface de l'eau, ils lui lancent la flèche: cela s'appelle *Soupayer*. Il y a différentes sortes d'appas pour soupayer; quelquefois on se sert de tripes de certains oiseaux, comme *Hoco*, *Maraye*, etc. et quelquefois de la chair de quelque autre gibier. On suspend ces amorces à des branches d'arbres sur la rivière, de manière qu'elles touchent la surface de l'eau. On *Soupaye* aussi avec des boulettes flottantes, pétries avec des plantes enivrantes. On devine aisément quelle patience il faut pour cette chasse; car un Indien attend quelquefois une grande partie du jour dans le même lieu, avant qu'il se présente un poisson pour avaler l'amorce. Mais leur superstition est si grande qu'ils prétendent qu'une amorce, qui convient à tel d'entre-eux, serait infructueuse et sans effet employée par tel autre, et *Vice-versâ.*

Les Indiens ont différentes sortes de flèches : ils en ont pour chaque espèce de chasse, je dirai presque pour chaque espèce de gibier. Nous allons en décrire quelques unes.

Le *Simourou* est une flèche armée, à une de ses extrémité, de cinq dards de bois dur très acérés et disposés de manière qu'ils convergent à leur insertion dans la flèche, et divergent par les pointes; l'autre extrêmité n'est point garnie de plumes, comme la flèche ordinaire : cette flèche sert particulièrement à chasser les *Gros-yeux*, espèce de poisson qui se tient par bandes considérables sur la vase, au bord de l'eau. Par la construction de cette flèche, il est rare qu'on ne tue pas plusieurs poissons à la fois.

La *Flèche ordinaire* est celle qui n'est armée que d'un seul dard de bois à l'un de ses bout et qui est garnie de plumes à l'autre : elle sert pour les oiseaux et les quadrupèdes indistinctement.

Le *Cournouri* est armé à une extrêmité d'une lame de bambou à deux tranchants, en forme de poignard, et garni de plumes à l'autre extrêmité : on l'employe contre le gros gibier, comme le *Cochon*, le *Maïpouri* etc.

La *Crancette*, dont le nom indique la forme de l'armure, est un semi-harpon de fer, ou quelque os de poisson travaillé d'une manière semblable; elle n'a point de plumes : elle sert à flècher les poissons.

Le *Boutou*, surmonté d'un morceau de bois léger en forme de massue, est terminé par un bouton plus ou moins gros: on s'en s'en sert pour tuer les petits oiseaux.

FEMMES INDIENNES.

Les femmes Indiennes filent le coton supérieurement. Elles font des hamacs, qui sont beaucoup plus estimés que ceux tissus par les négresses du pays. Les Indiennes font des vases de terre de toute espèce pour leur usage, comme *plats*, *Canaris*, *Pots*, *Samacous*, etc. Le samacou est le plus grand de tous leurs vases: il leur sert de Jarre pour contenir le *Cachiri* (boisson pour laquelle ils ont une grande passion). L'art du potier est encore, chez eux dans l'enfance: c'est toujours par la patience, qu'ils viennent à bout des travaux de ce genre comme de tous les autres. Pour leurs poteries, ils employent une espèce de terre, qu'ils mêlent ave les cendres d'un bois qu'ils nomment *Couëpi*. Ils ne tournent pas leurs poteries; mais pour faire un vase quelconque, ils établissent sur le fond, qu'ils ont d'abord travaillé, des bandes circulaires de leur terre mêlée de cendres: ils ont la précaution de la mouiller de tems en tems légèrement, pour l'empêcher de sécher, afin de pouvoir faire raccorder les nouvelles bandes avec celles antérieurement posées et de les polir; ce qu'ils font avec une petite spatule de bois. Un petit plat de terre est l'ouvrage de plusieurs jours. Quand il est fini, on le laisse bien sécher: après quoi, on l'entoure de combustibles, que l'on brûle pour le cuire; car on s'imagine bien que les Indiens n'ont point de four à poteries.

Leurs chants sont tristes et monotones; leur danse

lourde et insignifiante. Tous leurs instrumens de musique consistent dans un petit tambourin, et dans des espèces de flûtes faites avec un morceau de bambou, ou le tibia de quelque quadruprède sauvage : ils en tirent des sons plaintifs et languissans. Leur musique qui, comme nous venons de le dire, est triste et monotone, est d'autant plus propre a exprimer les idées mélancoliques: rien n'est si touchant que leur hymne de mort. En 1814 revenant d'Approuague, par mer, avec plusieurs Indiens, qui avaient à bord leurs femmes et leurs enfans, le tems devint tout-à-coup extrèmement mauvais et la mer très grosse: un de ces Indiens, qui était assis sur le couronnement du navire, tomba à la mer, sans qu'il fut possible de mettre le canot à l'eau pour le sauver. Le désespoir de sa femme, qui était nourice, serait difficile à peindre; mais dans son malheur extrème, elle se mit à *chanter l'hymne de mort*: sa douleur était si vraie, les accens de sa voix si touchants, qu'elle arracha des larmes à tout le monde.

LEUR RELIGION.

On ne leur connaît aucun culte ils croyent à l'existence d'un mauvais génie, qu'ils appellent *Yroucan*, dont ils ont une très grande peur. J'ai vù, dans un village Indien situé sur le bord de la rivière *Organabo*, un Indien d'environ trente ans, qui se nommait *Tipo*: il était frère jumeau du chef de la peuplade et était relégué et séquestré dans un *Tapouï* (espèce de caze de forme cônique): il était malade et languissant, et nous dit avoir été piqué dans le bois par le diable (Yroucan); ce qui lui occasionnait la maladie qu'il éprouvait. Personne, ni sa femme, ni ses enfans, n'osaient l'approcher, et celle qui lui apportait sa nourriture se retirait précipitamment, après l'avoir déposée dans le *Tapouï.*

Nous apprîmes ensuite que c'était son frère qui l'avait empoisonné, dans la crainte qu'il ne cherchât à usurper l'autorité sur lui. Entre *Organabo* et *Maróni* est un endroit, sur la côte, appelé par les Indiens *Yroucan-pati*, (habitation du diable) parce que la mer est toujours très grosse dans cet endroit: quand les Indiens y passent en canot, ils gardent le plus profond silence et jettent, de tems-en-tems, dans la mer, des boulettes faites avec du couac ou de la cassave, pour appaiser, disent-ils, le diable, ou *Yroucan.* Les Indiens, en général, respectent leurs père et mère et les vieillards; ils poussent la vénération pour les morts jusqu'au culte le plus religieux: en 1808, j'ai vu arriver, à Approuague, des Indiens Galibis, qui venaient chercher les ossemens du père de l'un d'eux, lequel était mort, il y avait deux ans, chez les Indiens *Noragues* de cette rivière. A la *Montagne d'argent*, où est établi monsieur Jeanneau, on a trouvé enfouis dans la terre des *Samacous* remplis d'os humains: c'était sans doute les ossements de quelques uns d'entre-eux, morts à la guerre ou dans des rivières éloignées, qu'ils avaient recueillis et rassemblés dans ces vases. Nous ne ferons point la description de leurs sépultures. Leurs cérémonies funèbres sont décrites dans tous les ouvrages sur les Indigènes de l'Amérique. Ils ensevelissent ordinairement leurs morts dans leurs hamacs: ils les enterrent avec leurs armes et leurs meubles, et recouvrent la tombe avec leur canot.

Ceux qui fréquentent les Européens ont une passion

insurmontable pour les liqueurs spiritueuses. Dans leurs carbets, ils composent plusieurs bières, ou boissons fermentées, avec *le Manioc, la Cassave, la Patate*, auxquelles ils donnent différens noms, comme *Cachiri, Vicou, Paya, Payaoüarou.* Le Cachiri est la liqueur le plus en usage, et, quand plusieurs villages se réunissent pour en boire, ces sortes d'orgies durent plusieurs jours, pendant lesquels ils s'enivrent: elles finissent rarement, sans quelque rixe ou quelque catastrophe. Ils profitent souvent de ces sortes de fêtes, qu'ils appellent *Boissons*, pour se reprocher leurs anciens sujets de récrimination, et pour assassiner quelquefois leurs rivaux ou leurs ennemis.

Quand les Indiens voyagent ou quand ils vont un peu loin chercher leur nourriture, ils emmènent leurs femmes, leurs enfans, et leurs chiens: on serait étonné de voir la quantité de monde qui s'embarque alors dans un frêle canot; une famille de quinze à vingt individus est quelquefois entassée dans un *Couyara* de quinze à dix huit pieds de long: on appelle *Couyara* une petite pirogue très-étroite faite d'un arbre creusé et terminé en pointe par les deux bouts.

On a fait plusieurs tentatives pour civiliser les Indiens, mais toujours sans succès. Mr. Lescalier, administrateur de cette Colonie, voulant en faire des pâtres, avait donné à plusieurs d'entre eux quelques têtes de gros bétail, pour commencer des ménageries : à quelque tems de là, ils viennent voir Mr. Lescalier , qui leur demanda des nouvelles de leur bétail; l'un d'eux lui répondit: *tu m'as donné une vache, je l'ai tuée et mangée avec mes amis; je viens t'en demander une autre.* Le père Lombard, à Kourou, en 1712, était parvenu à réunir les Indiens de ces rivières en mission. Il les avait instruits dans la religion chrétienne: plusieurs d'entre eux savaient lire et écrire et connaissaient des arts mécaniques; les anciens de la Colonie se rappellent d'avoir vu le fameux *Pantaléon*, dont toute la science pourtant se bornait à chanter au lutrin et à jouer aux échecs.

L'expérience a prouvé que la religion était le seul moyen de les rassembler et de les civiliser.

Les Portugais, avec le secours de leurs missionnaires, en ont fait des ouvriers de toute espèce et des soldats qui seraient très-propres pour la Guyane, sous une autre discipline que la leur.

Autrefois (comme nous l'avons déjà dit) nos rivières étaient habitées par les Indiens. On trouve encore dans les anciennes habitations des débris qui attestent qu'elles ont été occupées par eux, comme des morceaux de terrailles cassées de leur fabrication, et des espèces de pierres travaillées en forme de coins, et que nous croyons être un produit artificiel, ne s'en trouvant pas de cette nature dans les lieux qui n'ont point été habités par eux.

Leur paresse excessive les a empêchés jusqu'à présent de s'approprier nos arts les plus simples. Ne s'occupant que du présent, l'avenir n'est rien pour eux; sans inquiétudes, comme sans besoins, les bois qui les entourent, les rivières au bord desquelles ils habitent, leur offrent une nourriture suffisante; quelques fourches surmontées d'un toit de paille, voilà leur maison ou leur Carbet dont les principaux meubles sont leurs hamacs et quelques vases de terre; leur vie entière est dans ces vers d'Horace:

> . . . . *Somno et inertibus horis*
> *Ducere sollicitæ jucunda oblivia vitæ.*

On sent combien il serait difficile d'appeler à la civilisation, des hommes aussi insoucians et aussi apathiques. Nous l'avons déjà dit: la religion seule serait le moyen de les éclairer; nous ne chercherons pas à prouver cette assertion que l'expérience a démontrée. Nous pourrions étendre d'avantage cet article que nous trouvons déjà trop long. Nous avons vu chez eux ces hommes naturels; nous les avons vus souvent; et nous avons offert quelques traits de leurs mœurs et de leur caractère, pour mieux les faire connaître au lecteur, et pour le prémunir contre le faux enthousiasme de ces gens toujours disposés à tout exagérer pour paraître mieux instruits, et contre ces projets romanesques de civilisation que le charlatanisme invente ou reproduit tous les jours.

LES AMAZONES.

Parmi les fables, que l'on a débitées sur la Guyane, l'existence des Amazones est celle qui s'est le moins accréditée. Mr. de Lacondamine rapporte plusieurs présomptions en leur faveur. J'ai lu ici, le journal du voyage d'un vieux soldat de Cayenne, nommé Jacques Blaisonneaux ou *Jacques des Sauts*, qui dit en parler pour les avoir vus; mais ce témoignage n'est nullement admissible.

Jacques Blaisonneaux avait fait rédiger son Journal, de

mémoire, un grand nombre d'années après être revenu de son voyage. On y remarque beaucoup de choses extraordinaires, que l'auteur s'était persuadé être vraies à force d'avoir fait des recits exagérés de son expédition à l'intérieur des terres. Jacques Blaisonneaux ou Jacques des Sauts est le même, qui était établi au saut d'Oyapoc et que Mr. Malouet alla visiter, quand il fut dans cette rivière; Jacques Blaisonneaux était alors extrêmement vieux; il avait été à la bataille de Malplaquet.

LAC PARIMA.

Tout le monde connait l'existence fabuleuse du lac Parima, dont les sables étaient d'or et sur le bord duquel était bâtie la fameuse ville *Del Dorado*. Dans le siècle des découvertes, les esprits avides du merveilleux accueillaient sans examen tout ce qu'on rapportait de ces pays lointains et tout ce qui pouvait flatter la cupidité; l'ingénieuse plaisanterie du roman de Candide et la mort tragique de l'infortuné Raleigh auraient dû désabuser depuis long-tems tous les esprits sur l'existence de ce lac; cependant on ne sait pourquoi l'abbé Raynal, dans une des cartes de son atlas, a encore figuré le *lac Parima*.

GÉOGRAPHIE.

Le littoral de la Guyane française est bas et garni de forêts de Mangliers ou Palétuviers; il ne présente, dans toute son étendue, d'autres élévations que la *Montagne d'argent*, qui forme la pointe occidentale de la baie d'Oyapoc, et les montagnes dites *de la Côte*, comprises entre la rivière de Mahury et celle de Cayenne. Les autres montagnes que l'on découvre, en longeant les côtes, sont plus ou moins éloignées du rivage; la mer y a peu de fond, à cause des grands bancs de vase, qui, particulièrement dans la partie située au vent de Cayenne, s'étendent à trois ou quatre lieues au large et ne permettent pas, même aux petites embarcations, d'approcher de plus d'une lieue ou deux de terre.

CONNÈTABLE.

En descendant la côte, le long de laquelle les courants se dirigent constamment de l'est à l'ouest, on rencontre d'abord deux rochers, qui portent le nom de *Connétables*, par corruption du mot hollandais *Constable* (*f*), canonnier, parce que les bâtimens de cette nation, venant d'Europe et allant à Surinam, avaient coutume, en passant auprès de tirer quelques coups de canon, pour se donner le spectacle de nuées d'oiseaux s'envolant de ces rochers qu'ils habitent. Le plus grand est assez élevé au dessus de la mer il s'appelle le *Grand Connétable* : et s'apperçoit à huit ou dix lieues de distance par un beau tems; le *petit Connétable*, qui est en terre du grand, est un rocher à fleur d'eau : tous les deux sont situés Nord et Sud avec l'embouchure de la rivière d'Approuague.

LES MAMMELLES.

Quand on est au Connétable, on apperçoit déjà les Ilôts qui sont vis-à-vis la rivière et la côte de Mahury. Les premiers sont deux petits Ilots appelés les *Mamelles*

(*f*.) Ce mot s'écrit en Hollandais, *Constapel*.

ou *les Filles*, dont le plus grand a été habité par une femme de couleur libre qui y avait une petite plantation de Girofliers. Ce petit établissement a été abandonné depuis quelques années seulement et transporté sur l'Ilôt le *Père*, dont nous parlerons tout à l'heure.

LA MÈRE.

A une très-petite distance de ces Ilots est l'Ilôt appelé la *Mère*. En 178..., le Gouvernement y a formé un établissement pour séquestrer les individus attaqués de la lèpre. Il y a établi un gardien avec quelques nègres canotiers et des embarcations. L'établissement des Lépreux est situé dans la partie occidentale de l'Ilôt; la maison du gardien et les cases des canotiers sont placées vers le milieu et en regard de l'embouchure de Mahury.

Autrefois il existait entre les deux établissemens une barrière, que les Lépreux ne devaient pas outrepasser. Quand ils avaient besoin de communiquer avec le gardien, ils venaient à la barrière et appellaient; aujourd'hui cette barrière est détruite: ceux de ces malheureux, qui peuvent encore se servir de leurs membres, cultivent du manioc, du maïs, des tayoves et même du coton; ils y élèvent une assez grande quantité de volailles. Quelquefois les gardiens ont abusé de leur autorité, pour obliger ces infortunés à leur vendre à vil prix les produits de leur travail, en échange d'objets qu'ils leur vendoient toujours à un prix exhorbitant.

Cet Ilôt a plusieurs sources d'eau douce; on n'y peut aborder que dans la partie méridionale. Les Goëlettes peuvent y mouiller très-près de terre. La partie du nord ou du large est hérissée de rochers et de précipices et n'offre aucun endroit propre au débarquement. Les gardiens y ont toujours cultivé du coton, du manioc et du maïs, qui est le plus beau de la Colonie. On y trouve des Ramiers et des Lézards de l'espèce appelée *Ignanos* par les Espagnols et qui sont bons à manger.

LE PÉRE.

A une lieue environ sous le vent de l'Ilôt la *Mère*, est l'Ilôt le *Père*, sur lequel il y a également des sources d'eau douce. Depuis quelques années, on y a commencé un établissement et planté des abattis de Coton.

LE MALINGRE.

Ensuite vient le Malingre, à deux lieues du Pére.

L'ENFANT PERDU.

L'Enfant perdu est un rocher hors de l'eau, gissant au Nord 5 ". O. de Cayenne à 3 ou 4 lieues de distance.

ILES DU SALUT.

Après avoir dépassé Cayenne et en descendant toujours la côte, on rencontre les Iles du salut qui sont vis-à-vis et à quatre lieues de la rivière de Kourou. Ces Iles, sur les anciennes cartes, portaient le nom d'*Iles du triangle*, à cause de leur position respective ; depuis, on les a long-tems appelées les *Iles au Diable*, et enfin elles ont échangé, en 1764, cette dénomination contre celle des *Iles du salut*. C'est sur la plus grande de ces Iles et la plus septentrionale, qu'il y a eu, du tems de la nouvelle Colonie, un dépôt de plus de 3,000 personnes. Depuis cette époque, elles n'ont plus été habitées qu'en 1798, sous l'administration de l'agent du Directoire Burnel : on y établit alors un poste militaire et une batterie ; cet établissement fut attaqué et détruit, en 1798 même, par les Anglais, qui firent la garnison prisonnière ; c'est à cette attaque que périt honorablement l'Ingénieur Chapelle, dont nous avons parlé ailleurs.

Ces Iles offrent une rade sûre et un bon mouillage aux gros bâtimens, comme frégates et vaisseaux qui ne peuvent entrer à Cayenne.

La grande Ile est pourvue de sources d'eau douce. On y trouve toujours des citrouilles, des papayers et des bananiers, quoi qu'elles soient abandonnées. Il y a quelques années que des nègres ayant été marrons sur ces Iles et ayant perdu leur canot, construisirent un radeau de troncs de bananiers, sur lequel ils se rendirent à Kourou.

ILE VERTE.

Vis-à-vis la rivière de Paracou, est la Petite île qu'on appelle *Ile verte* ; c'est peu de chose.

RIVIÈRES.

Peu de pays sont plus arrosés de Rivières que la Guyane française. Les principales, qui ont leur embouchure à la mer, sont celles *d'Oyapoc*, *Approuague*, *Kaw*, *Mahuri*, *Cayenne*, *Macouria*, *Kourou*, *Sinamari*, *Yracoubo*, *Organabo*, *Mana* et *Maroni*. L'inspection d'une carte en apprendra plus à cet égard, que toutes les descriptions. Nous devons cependant parler de chacune de ces rivières en particulier et surtout de celles sur les bords desquelles il y a des établissemens.

Les embouchures de ces rivières sont toutes plus ou moins obstruées par des bancs de vases, qui en rendent l'entrée impossible aux grands bâtimens; quelques unes mêmes, comme Iracoubo, ont si peu d'eau que les petits bâtimens n'y peuvent entrer chargés dans les mortes eaux, et d'autres, comme Organabo, sont tellement obstruées par des bancs de sable, qu'on en reconnaît à peine l'embouchure.

L'entrée de la rivière de Cayenne est encore celle qui a le plus de fond. On peut consulter, à cet égard, les instructions nautiques de Mr. Monach, ancien Capitaine de port, (*g*) lesquelles diffèrent très-peu des observations jointes à la carte marine de Mr. Duller, que l'on trouve au dépôt géographique de cette Colonie; voyez aussi cette carte, et la carte marine en deux feuilles de Mr. Simon Mentelle; mais comme le gisement des côtes change quelquefois en très-peu de tems, à cause des érosions faites par la mer en certains endroits, ou des alluvions qu'elle rapporte en d'autres (*h*), il serait indispensable de faire une nouvelle carte des côtes et des entrées

(*g*) Quelques personnes assurent que ces instructions ne sont pas très-bonnes. Les changemens arrivés aux fonds et au gisemens des côtes peuvent être cause des erreurs, qu'on y trouve aujourd'hui.

(*h*) Depuis que ceci est écrit, nous avons appris que le Capitaine Roussin, qui a relevé les côtes d'Afrique, et qui en a dressé les cartes, doit être envoyé à Cayenne pour faire un travail semblable sur les côtes de la Guyane.

ou embouchures des rivières, dont les fonds cessent d'être les mêmes au bout d'un certain tems, suivant le déplacement ou le rapport des bancs de vases et de sables qui en varient continuellement la profondeur.

Les rivières de la Guyane cessent d'être navigables à la distance de quinze à vingt lieues de leur embouchure, à cause des nombreuses cataractes ou sauts qui barrent leurs cours: on ne peut remonter ou descendre ces rivières en amont des sauts, que dans de petits canots et avec le secours des naturels du pays bien exercés à ce genre de navigation; lorsqu'on est parvenu, en canot, jusqu'aux sauts, on met à terre, on débarque tous les effets pour être transportés au-delà du saut. Les indiens font, avec des lianes et des feuilles, des espèces de hottes, qu'ils nomment *Catouris*, qui sont pourvues d'une courroie d'écorce d'arbre, laquelle ils font passer sur leur tête; de manière que le poids de la hotte fait équilibre avec la résistance du front, où la courroie s'applique naturellement.

Les Indiens ainsi chargés marchent à la file les uns des autres, jusqu'à ce qu'ils aient dépassé l'étendue du saut, tandisque d'autres font passer le canot dans les passages rapides et périlleux que les roches laissent entre elles. Rien n'est plus effrayant que ces descentes en canot par des chûtes d'eau, dont la vîtesse est incommensurable (*i*). Le danger s'accroît encore des zigs-zags

(*i*). Mr. Laborde Médecin du Roi à Cayenne, dans un voyage qu'il avait fait

de ces rapides courants; car pour peu que l'on manquat à gouverner, le canot et les hommes se briseraient sur les roches dont ces passages sont hérissés. Quand le canot a traversé le saut, il vient reprendre les hommes et le bagage transportés plus haut, au bord de la Rivière: on continue alors la navigation jusqu'à ce qu'il se présente un nouveau saut que l'on passe de la même manière.

En général, on connaît assez bien, de la Guyane, le voisinage de la mer et il existe au dépôt plusieurs cartes très-exactes, sur lesquelles les positions des principaux points et d'un grand nombre de montagnes ont rigoureusement été déterminées par différens Ingénieurs. Nous indiquerons, entr'autres, la Carte des triangles de Mr. *Dessingy*, (j) qui mérite d'être consultée; mais l'intérieur de cette vaste contrée est peu connu, excepté la carte du voyage de

---

dans les sauts d'Oyapoc, manqua à se noyer. Un Indien l'ayant sauvé, Mr. Laborde, dans le transport de sa reconnaissance, lui dit de venir le voir à Cayenne, et qu'il le récompenserait: long-tems après, l'Indien venant à la ville se présenta chez Mr Laborde, qui n'eut par honte de lui donner 24 sols; quelqu'un lui ayant demandé si Mr. Laborde l'avait bien récompensé, il répondit que oui, qu'il lui avoit donné 24 sols; et sur ce qu'on observa que cela était dérisoire il ajouta que cela était pourtant fort simple et que Mr. Laborde ne pouvait pas lui donner davantage, puisqu'il n'estimait sa vie que 24 sols.

(j) Cette carte est d'autant plus précieuse que Mr. *Dessingy* avait, pour mesurer sa base, une position unique qui ne se retrouverait plus aujourd'hui: alors il n'y avait point d'alluvions à la Côte de *Macouria*, qui n'offrait que des anses de sable, et c'est sur cette plage qu'il avait placé sa base. Le pays est si peu découvert que, si l'on voulait aujourd'hui faire un travail semblable, on ne trouverait pas de plaine convenable, à moins qu'on ne se servit des digues du *Canal-Torcy*, qui ne réuniraient pas, à beaucoup près, les mêmes avantages.

Mr. *Mentelle*, sur laquelle on voit la route qu'il a tenue entre *l'Oyapoc* et le *Marony*; le reste ne donne que très-peu de connaissances sur l'intérieur, en s'écartant des rivières. Il est à regretter que Mr. Hugues n'ait point associé un ingénieur géographe aux détachemens qu'il a envoyés dans les tems contre les nègres marrons, dont tous les établissemens ont été reconnus et détruits dans ces expéditions. On aurait une carte fort intéressante du théâtre de cette petite guerre, des positions de ces établissemens, des chemins qui ont été suivis pour y arriver et du cours des rivières ou criques qui ont été parcourues par nos détachemens.

Plusieurs voyageurs ont traversé ces immenses contrées, sans que leurs voyages aient été d'aucune utilité, même sous le rapport géographique.

Il y a encore dans la Colonie des personnes qui ont vu Madame *Godin*, femme du *Porte-chaîne* de ce nom, qui était à la suite des Académiciens, envoyés au *Pérou* pour mesurer le dégré du méridien. Cette Dame était Péruvienne et vint du Pérou rejoindre son mari, à Cayenne, par l'intérieur des terres, avec une troupe de blancs et de domestiques de couleur qui presque tous périrent de misère et de fatigues, dans cette longue et pénible route: il a été publié une relation de ce voyage, qui est devenue extrêmement rare, mais où l'on n'apprend rien sur la géographie du pays. Il y a environ vingt ans qu'un officier Portugais, Mr. *Barato*, qui depuis a été Commandant des troupes à Cayenne pendant l'occupation, a été expédié du Para, par *Rio-négro*, pour aller à Surinam porter des dépêches au Résident Portugais : il est arrivé (par l'intérieur) à Esséquébo, d'où il a été conduit à Surinam par mer, et sa mission remplie, il est retourné au Para par la même route : j'ai eu entre mes mains le manuscrit original de l'itinéraire de Mr *Barrato*, qui m'avait été communiqué par lui-même. Ce voyage est dépourvu de la partie géographique et, malgré ses descriptions, il serait impossible, avec le manuscrit sous les yeux, de faire une carte même appoximative des rivières et des chemins que Mr. Barrato a parcourus.

Il y a environ trois ou quatre ans que des naturalistes Anglais, partis de Démérari, sont parvenus jusqu'à l'établissement le plus reculé des Portugais dans *Rio-négro*, et ont laissé au Commandant de ce poste une plante précieuse par ses propriétés médicales, pour être adressée au Gouverneur du Para. D'autres personnes, avant et après Mr. Mentelle, ont parcouru l'intérieur des rivières ; mais elles se sont très-peu écartées de leurs bords. Mr. Patris, Conseiller et Médecin, dont nous avons déjà parlé, est (à l'exception de Mr. Mentelle) celui qui a été le plus loin : il avait emmené avec lui, dans son voyage, Melle Dujay, dessinateur, qui s'est perdue dans les bois, et qu'on n'a plus retrouvée, malgré les recherches qui ont été faites à plusieurs reprises pour la découvrir. Il est effectivement très-difficile de voyager dans l'intérieur : ces immenses déserts sont couverts de bois ; il n'y a ni route ni chemin tracé pour y arriver. On ne peut les parcourir qu'au moyen de guides, qui s'y conduisent eux-mêmes en suivant les lits des rivières et en se servant de la marche du soleil.

Au nombre des voyages faits dans l'intérieur, nous n'avons pas cité ceux de plusieurs missionnaires qui ont été chercher les nègres marrons et qui les ont ramenés, parcequ'ils n'ont également été d'aucune utilité pour la géographie du pays. Mais nous nous rappelons dans ce moment un voyage manuscrit, sans nom d'auteur, que l'on a trouvé au dépôt de la Colonie : il a été écrit sous la dictée de *Claude Thony*, homme de couleur libre, qui avait accompagné Mr. Patris dans son voyage : nous n'avons pas bien présent à la mémoire, ce qu'il contient ; nous nous rappelons seulement y avoir lu plusieurs choses d'un intérêt assez piquant, et nous croyons devoir l'indiquer ici. On trouve aussi, au dépôt, des notes et des renseignenents sur les nègres marrons du Marony et sur leur établissement.

NÈGRES MARONS DE SURINAM.

Ce fut en 177.., que les nègres marrons de Surinam traversèrent à la rive droite du marony. Mr Fiedmond, Gouverneur, s'y transporta avec un nombreux détachement, pour les chasser, et établit alors le poste qui a long-tems existé sur la rive droite presqu'en face du poste Hollandais de l'autre rive. C'est à peuprès à cette époque, que quelques bandes de ces mêmes nègres firent des incursions dans les villages indiens de la partie Française. Ces Indiens députèrent quelques uns d'entr'eux pour demander au Gouvernement Français des secours contre les nègres marons; mais craignant de les renconter, en descendant le Marony, ils passèrent par terre, s'embarquèrent sur le Camopi, d'où ils se rendirent à Cayenne par l'Oyapoc. Le Gouverneur leur envoya un détachement de troupes, sous le commandement de Mr. Brisson de Beaulieu, Capitaine d'infanterie. Mr. Mentelle, ingénieur Géographe, fut associé à cette expédition et en dressa une très-belle carte en quatre feuilles, dont nous avons parlé plus haut. Ce détachement suivit la même route que les Indiens avaient faite pour venir à Cayenne: arrivé chez eux, il en trouva les marrons partis et revint à Cayenne par le Marony. Ce voyage dura quatre mois.

Mr. le Baron de Bessner, successeur de Mr Fiedmond, dans la crainte que les nègres marrons de Cayenne ne se réfugiassent chez ceux de Surinam, crut devoir entretenir des liaisons d'amitié avec ces derniers. Après quelques négociations, deux de leurs chefs, Aboni et Achican, vinrent à Cayenne, accompagnés de M. Duplant créole de Cayenne, qui avait été plusieurs fois avec eux. Mr. de Bessner était déjà mort; mais ils trouvèrent Mr. Fitz-Maurice, qui leur fit un accueil amical et des présents pour eux et pour leurs femmes; quand ils furent de retour chez eux, ils envoyèrent à la Colonie un très-beau drapeau blanc, tissu à la manière des hamacs et que l'on mettait au fort les dimanches et les fêtes. Le Gouvernement de la Colonie a longtems entretenu chez eux un missionnaire.

M.M. Fargeon, Rebours, Breton, prêtres de la mission y allèrent successivement et y baptisèrent beaucoup d'enfants. Aboni était né dans les bois et était fils du chef de ce nom; Achican avait été élevé à *Amsterdam* et s'était réuni aux nègres marrons, par des raisons que nous ne connaissons pas.

TEMPÉRATURE.

La température, dans le haut des rivières et dans l'intérieur des terres, est bien différente de ce qu'elle est à la ville: dans l'intérieur, les nuits sont extrêmement fraîches; on éprouve même le besoin de se chauffer; ordinairement l'atmosphère est chargée d'épais brouillards depuis six heures du soir jusqu'à sept et huit heures du matin; et c'est un spectacle assez curieux, quand on est sur un point élevé, de voir autour de soi cette brume épaisse qui ressemble à une vaste mer, dont les sommets des montagnes environnantes paraissent être les îles: le jour, la chaleur est au contraire beaucoup plus forte qu'à la ville, où l'ardeur du soleil est tempérée par les brises du large et de l'est.

THERMOMÈTRE.

A Cayenne, le thermomètre se tient communément, à à l'ombre, à 23 dégrés; dans l'intérieur des terres, depuis deux heures jusqu'à cinq heures du matin, je l'ai quelquefois observé à 15 et demi.

Voici un tableau des différentes hauteurs du thermomètre observées à Cayenne, à différentes heures du jour et à différentes expositions, pendant quelques jours du mois de Septembre 1817.

HAUTEURS DU THERMOMÈTRE

Observées à Cayenne, de trois en trois heures, depuis huit heures du matin jusqu'à cinq heures du soir.

JOURS du Mois.	À L'OMBRE.				EN PLEIN-AIR, sur une galerie exposée au S. S. O.				DIFFÉRENCE entre les hauteurs de ces 2 therm.			
Septembre.	8 h.	11 h.	2 h.	5 h.	8 h.	11 h.	2 h.	5 h.	8 h.	11 h.	2 h.	5 h.
23	» »	23 1/2	23 1/2	23	» »	26 1/2	29	26	»	3	5 1/2	3
24	21 1/2	22	23 1/2	23	22	27	30	29	1/2	5	6 1/2	4
25	22	23 1/2	23 1/2	23	22	27 1/2	29	25	»	4	5 1/2	2
26	21 1/2	23	23	23	22	27 1/2	29	27	1/2	4 1/2	6	4
27	21	22 1/2	23 1/2	23	22	27	29	27	1	4 1/2	5 1/2	4
28	22 1/2	22 1/2	23	23	22	27 1/2	29	27	1/2	5	6	4
29	22 1/2	23	23 1/2	23	23 1/2	27	29 1/2	23	1	4	6	»
30	22	22	22	21	22	23	23	22 1/2	»	1	1	1 1/2

BAROMÈTRE.

Dans toute la zone torride, les changemens qui surviennent à l'athmosphère n'occasionnent que très-peu de variation dans la hauteur du mercure; comme environ une ligne et demi ou deux lignes : le baromètre pourrait être employé avec le plus grand succès à mesurer la hauteur de nos montagnes; nous pourrions même assurer que ce serait le seul moyen praticable, à cause des forêts épaisses qui les couvrent, et qui rendent presqu'impossible l'emploi des moyens trigonométriques ou géodésiques.

Le phénomène des marées n'offre rien d'extraordinaire le long de la côte, depuis Oyapock jusqu'à Maroni; l'établissement du port est pour Cayenne 4 h. 3/4 ; la conjonction ou l'opposition, arrivant à midi, les plus hautes marées, dans le port de Cayenne, ne dépassent guère dix pieds dans les sizigies; mais au Cap de Nord, on observe un *Mascaret* semblable à celui qu'a lieu à St-Malo, sur les côtes de Bretagne; la mer, dans cet endroit, monte de 44 à 45 pieds dans trois heures de tems; ce terrible flot s'annonce par un bruit épouvantable; alors les embarcations qui sont sur la côte, n'ont d'autre parti, pour s'en garantir, que de mouiller et filer leur cable. Ce phénomène s'appelle à Cayenne la *Barre*, et *Pororoca*, par les Indiens; il a été parfaitement bien observé, décrit et expliqué par M. Dessingy : voyez son mémoire qui est au dépôt des cartes de la Colonie. Les rivières qui sont entre l'Amazone et Oyapock, se ressentent plus ou moins de ce mascaret; à *Cachipour*, les marées montent de 15 pieds dans les sizigies; à *Mayacaré*, de 22 pieds : dans le canal de *Carapapouri*, Cap de Nord, où l'eau monte de 40 pieds, le courant est si rapide pendant la barre, que

I. Lavaud, ancien Capitaine de port, l'estimait de quatre lieues à l'heure; le parapet des rives est à pic.

VARIATION DE L'AIMANT.

La variation de l'aiguille aimantée est toujours dans la partie du Nord-Est, sur les côtes de la Guyane; elle augmente depuis environ un degré jusqu'à 5°; puis elle diminue successivement jusqu'au point où elle a commencé à augmenter : aux mêmes époques, elle est à-peu-près la même dans toute cette étendue; on n'a point observé l'*inclinaison* de l'aiguille à Cayenne. M. Vallet de Fayolle, qui était secrétaire du Gouvernement à Cayenne, en 1784, avait fait, pendant long-tems, des expériences suivies sur l'aimant; il adressa à l'Académie des sciences, un mémoire dans lequel il indiquait une méthode nouvelle de déterminer la longitude, fondée sur les observations magnétiques. Nous ne connaissons pas son travail; mais nous savons que ce mémoire avait été accueilli par l'Académie des sciences qui l'appela auprès d'elle; malheureusement M. Vallet de Fayolle mourut à son débarquement en France.

MÉRIDIENNE.

On croira difficilement qu'il n'y ait à Cayenne ni méridienne ni cadran solaire; M. Delacondamine, à son passage ici, avait tracé une très-belle méridienne au couvent des Jésuites, aujourd'hui l'hôtel du Gouvernement.

Ce monument a été détruit; on en voit encore quelques pierres qui pavent le seuil de l'entrée de l'ancien Gouvernement. Long-tems après, M. Mentelle, ingénieur géographe, plaça un très-beau cadran solaire dans la cour de l'intendance; il a été en partie ruiné pendant l'occupation ; il reste encore le piedestal, qui a perdu son aplomb et le gnomon ; on pourrait aisément le restaurer.

EXPÉRIENCES DU PENDULE FAITES A CAYENNE.

On sait que c'est à Cayenne que l'astronome Richer a fait les premières expériences du *Pendule*, qui ont conduit à déterminer la véritable figure de la terre ; M. Delacondamine, en 1744, y a fait des expériences sur le son, qui sont consignées dans un mémoire qu'on trouve au dépôt des cartes de la Colonie.

Tout annonce et tout prouve que la Guyane n'a point été volcanisée ; on ne rencontre aucun cratère, aucuns produits volcaniques. Les minéraux les plus répandus sont les *Granits* et le *Feld-Spath* : le fer existe partout dans la Guyane, et particulièrement dans la pierre connue sous le nom de mine de fer limoneuse. L'ingénieur Chapelle a exploité le fer sur les montagnes de la Gabrielle ; mais il a prouvé, par le résultat de ses opérations, qu'il ne dédomagerait pas des frais d'exploitation. Dans plusieurs endroits, on rencontre le fer à l'état natif, et attirable à l'aimant, sous forme de sable. Il est un endroit près de la ville, où ce sable est très-commun : la quantité de ce sable semble ne diminuer jamais, quoique on en ramasse souvent, et que les torrens de pluies en entraînent nécessairement beaucoup. Ce phénomène est digne de l'attention des physiciens ; mais en attendant qu'ils nous en donnent une explication satisfaisante, nous pensons que ce sable ferrugineux n'a point été transporté, mais qu'il a été formé et qu'il se forme tous les jours dans ce lieu même, ainsi que se forment les sables aurifères des vallées du Pérou, du Chili, du Choco, du Popayan, etc. ; et si ce sable de fer n'est jamais oxidé, c'est qu'il est saturé (si je puis m'exprimer ainsi), du principe métalisant, comme l'on rencontre le Bismuth à l'état natif, quoiqu'il soit facilement oxidable, et comme on voit aussi, dans certaines mines, le cuivre jouir d'un éclat supérieur à celui que l'art pourrait lui donner, quoiqu'il soit dans un lieu perpétuellement humide (a).

On rencontre quelquefois des pierres d'aimant; Leblond en avait trouvé une du poids de quinze à dix-huit livres; j'en avais une qui avait été trouvée dans l'intérieur, par M. Mentelle, et que j'ai donnée dans le tems à M. Barbé-Marbois.

On trouve, sur le bord de la mer, du côté de Sinamary, un caillou connu par les lapidaires sous le nom de *Pierre de Sinamary*, et qui est très-brillant quand il est bien taillé. On le montait autrefois en bagues, pendans-d'oreilles, boucles, etc. La *Pierre verte* ou la pierre des Amazones ne se trouve point à Cayenne positivement, elle nous vient des Indiens de l'intérieur et de la rivière des Amazones; on lui attribue la propriété de guérir l'épilepsie. Il y a quelques années que le docteur . . . . . . a publié un mémoire sur les vertus curatives de cette pierre; j'en ai vu inoculer ici à plusieurs individus épileptiques, qui n'en ont point éprouvé le moindre soulagement. On ne sait pas positivement ce que c'est que cette pierre; quelques uns prétendent que c'est un limon que l'on tire de la rivière des Amozones, que l'on travaille dans son état de mollesse, et qui durcit ensuite à l'air. Il n'est pas douteux (selon nous), que ce soit une vitrification; le poli brillant des trous dont ces pierres sont perforées, le prouve évidemment. Il y en a de plusieurs formes : les

---

(a) Notre opinion, à cet égard, est conforme à celle d'un savant distingué, Bonnet, qui pense que la formation des métaux lentement élaborés dans le sein de la terre, n'est autre chose qu'une espèce de génération dont les secrets sont cachés dans l'intérieur du globe, et dont les siècles sont témoins.

plus communes sont les cylindriques; d'autres ont la figure d'une grenouille; mais à quel usage les destinaient les Indiens? On a prétendu qu'ils en faisaient des ornemens et que les trous dont elles sont perçées servaient à les enfiler pour les porter au cou.

QUADRUPÈDES.

Nous renvoyons aux descriptions de la Guyane, et aux ouvrages d'histoire naturelle, pour connaître les animaux de ce pays; mais, en passant, nous ne pouvons nous dispenser de signaler une erreur du chirurgien Bajon, qui a écrit sur Cayenne; on lit dans ses mémoires que le *Maïpouri* ou *Tapir*, est un animal ruminant; les animaux ruminans ont un double estomac, et le Maïpouri n'en a qu'un. On connaît d'ailleurs et on a décrit tous les quadrupèdes de la Guyane; nous devons parler ici d'une épizootie, qui a eu lieu dans toute la Guyane, sur les *Maïpouris*. Il y a environ sept à huit ans, on en rencontrait des cadavres et des squelettes dans tous les bois, et bientôt on n'en vit plus de vivans. Depuis environ deux ou trois ans, on a commencé à en découvrir des traces et à en voir même quelques-uns; mais ils ne sont pas encore assez multipliés pour qne les chasseurs trouvent l'occasion d'en tuer.

ANGUILLE TREMBLANTE.

Nous dirons un mot de l'anguille *électrique*, vulgairement appellée *Anguille tremblante*; cette anguille habite particulièrement les marécages et surtout les *Pinautières*. Il y en a de très-grosses; j'en ai vu qui pesaient la charge d'un nègre. Elle électrise tous les poissons qu'elle touche; il en est un seul qui est insensible à ses contacts : c'est l'*Atipa*, petit poisson de trois ou quatre pouces de long tout au plus, que la nature semble avoir revêtu d'une cuirasse écailleuse pour pouvoir co-habiter avec l'anguille *électrique*; car c'est dans les trous où elle se tient, qu'on rencontre en grand nombre les *Atipas*. Aussi quand on veut avoir de ces poissons (qui sont excellens à manger), c'est dans les trous d'anguille qu'on va les chercher. Les nègres et même quelques blancs sont très-friands des *Anguilles tremblantes*; on ne mange que la chair du dos. Ledessus ou le ventre est une gélatine épaisse et transparente, dans laquelle réside sans doute la propriété électrique. M. Guisan, ancien ingénieur agraire, a fait quelques expériences sur cette *Anguille*; mais il n'était pas assez physicien pour qu'elles fussent méthodiques et complettes. Il serait à désirer que quelques physiciens instruits s'en occupassent. On s'en sert quelquefois pour électriser les malades atteints de douleurs arthritiques.

GRENOUILLES A TAPIRER.

Quoique notre but ne soit pas de nous occuper d'histoire naturelle, nous parlerons encore de la *Grenouille à Tavirer*: c'est une très-petite grenouille extrêmement jolie; elle est peinte de trois couleurs : gros bleu, blanc d'azur et jeaune d'or. Ces trois couleurs sont combinées et disposées de la manière la plus agréable; on ne la rencontre que sur les montagnes et dans les grands bois, où elle est très-commune; c'est surtout après un grain de pluie qu'on les voit sortir et sautiller de tous côtés : j'en ai mis quelquefois dans du taffia pour les conserver, mais elles y perdent promptement leurs couleurs.

OPÉRATION DU TAPIRAGE.

Au rapport des Indiens, pour *tapirer* un perroquet, on le prend encore fort jeune, on lui arrache toutes ses plumes, et on le frotte avec le sang de ces grenouilles : les Indiens disent que l'opération du *tapirage* est si cruelle, que d'un très-grand nombre de ces oiseaux qu'on *tapire*, on n'en peut sauver que quelques-uns. L'effet du *tapirage* est de faire sortir de nouvelles plumes qui se peignent, à la vérité, des mêmes couleurs que celles dont le perroquet se serait revêtu sans l'opération ; mais ces couleurs ne sont plus disposées dans l'ordre que la nature leur avait assigné ; elles s'entremêlent d'une manière irrégulière, et imitent assez bien, par leur bigarure, la disposition des couleurs d'un habit d'arlequin : rien n'est plus curieux, sans doute, que cette métamorphose ; mais est-ce bien là tout ce en quoi consiste l'opération du *tapirage* ? les Indiens au moins l'assurent. Il faut convenir que nous n'avons aucunes lumières sur ce phénomène, et que l'art de *tapirer* même doit être un secret chez les Indiens ; car très-peu d'entre eux savent tapirer les perroquets : aussi les *perroquets tapirés* sont-ils extrêmement rares.

POISSONS.

Les poissons de la Guyane, et surtout ceux de l'intérieur des rivières, sont peu connus des naturalistes ; les reptiles, les insectes et les oiseaux, le sont bien davantage : Mlle MÉRIAN a fait connaître les insectes de Surinam.

De tous les oiseaux de la Guyane, le seul qu'on soit encore parvenu à conduire à l'état de *domesticité*, est le canard : le type de nos canards de basse-cour, est le canard sauvage. Dans nos habitations, les mâles sauvages, viennent rendre de fréquentes visites aux femelles domestiques, et s'accouplent avec elles ; les femelles de nos basse-cours, avec les canards mâles de France, donnent de vrais mulets, qui ne se reproduisent point.

On est étonné que plusieurs oiseaux de nos bois, de la

famille des Galinacées, ne se trouvent point à l'état domestique, malgré la grande facilité qu'ils ont à s'apprivoiser; de ce nombre sont le *Hoco*, qui a plus d'un rapport avec la Dinde, et *l'Agami*, que l'on pourrait appeler l'oiseau ventriloque, à cause d'une voix particulière qu'il fait quelquefois entendre, et qui semble sortir du ventre. Cet oiseau, affranchi, fait la police des basse-cours, comme le chien de berger fait celle des troupeaux; et rien n'est plus curieux que de le voir tourner autour des poules, pour les rassembler.

VÉGÉTAUX.

Il y aurait une infinité de recherches à faire sur cette branche de l'histoire naturelle. L'ouvrage intitulé: *Plantes de la Guyane*, par Aublet, est considéré comme peu exact; on accuse Aublet d'avoir donné de nouveaux noms à des plantes déjà décrites. Les végétaux indigènes alimentaires, sont en grand nombre et généralement connus. Peu de pays offrent plus de plantes médicinales, si l'on en croit la foule d'empiriques de toutes les classes, qui fait ici la médecine : nous nous bornerons donc à en indiquer quelques-unes.

LE RICIN.

Dont on extrait l'huile appelée huile de *Palma Christi*, qui est anthelmintique et qu'on administre avec succès dans les coliques.

LE SIMAROUBA.

Si utile dans les dyssenteries.

LE CASSIER DU PAYS.

Connu par sa propriété purgative.

LA SALSEPAREILLE.

Qu'on ne trouve que dans les hauts de certaines rivières.

LA PAREIRA BRAVA.

Liane fort connue par sa propriété apéritive.

LA LIANE ROUGE.

Ou *Liane-eau*, porte ce nom à cause de l'eau qu'elle f... nit abondamment, quand on en sépare un tronçon. Cette eau est fraîche et bonne à boire; elle sert souvent à désaltérer les Chasseurs, quand ils ne trouvent point d'eau sur les montagnes dans le fort de l'été. Nos détachemens ont été quelquefois fort heureux d'en rencontrer.

LES ARBRES A BEAUME.

Comme le Copahu, etc., à raisines, comme le *Courbary*, le *Mani*, qui remplace avantageusement le brai, et que les nègres et les Indiens (après l'avoir purifié), coulent en bâtons comme le souffre, pour s'en servir au besoin. L'*Encens blanc*, l'*Encens gris* ou *Ayaoua*, que l'on brûle dans les Églises; le Serynga ou *Caout-Chouc*, qui donne la gomme élastique; les arbres à gomme, comme l'*Acajou*, qui fournit abondamment la gomme de ce nom; l'*Acassoa*, qui donne une substance absolument semblable à la *Gomme gutte*, et bien plus éminemment purgative; le *Guinguiamadou* (miristica sébiféra), qui produit une petite noix dont on retire une cire végétale, propre à faire les bougies; le *Carapa*, si utile dans toutes les constructions, et dont le fruit donne une huile très-belle pour les lampes; c'est cette huile figée que les Portugais du Para emploient dans la fabrication de leur savon; le *Figuier* du pays, de son tronc incisé exsude un suc laiteux qui est un puissant anthelmintique, administré avec le sirop. Nous ne finirions pas si nous voulions rapporter tous les arbres ou plantes indigènes, utiles dans les constructions de toute espèce; dans la médecine, dans les arts, dans les préparations alimentaires, dans les usages domestiques. La seule classe des palmistes nous en fournirait une longue série.

PLANTES A ÉNIVRER.

Nous ne terminerons pourtant point l'article des végétaux, sans parler des plantes énivrantes, dont on se sert ici, pour énivrer les poissons des rivières et des criques.

Le *Cinapou* (décandrie monogynie de l'Inné), le *Connami-noir*, le *Connami-Para*, sont les trois plantes que l'on emploie le plus communément pour énivrer le poisson; on les pile, on les mêle ensemble, et on en fait des masses que l'on délaye dans les eaux des criques que l'on veut énivrer. Aussitôt que les poissons sentent l'énivrage, ils sautent de tous côtés, et flottent bientôt à la surface de l'eau, où on les ramasse. Ces plantes, dans l'ordre de leur puissance énivrante, sont: le *Connami-noir*, *Cinapou* et le *Connami Para.*

Cette dernière qui se multiplie de boutures et de drageons, est indestructible, et a toujours triomphé des ordonnances qui ont été lancées contre les énivrages et les plantes à énivrer. Le mélange de ces plantes, quand on veut en faire usage pour énivrer, ne se fait point au hazard : on mêle ordinairement le Connami-noir, avec le Connami-Para. Le mélange du Connami avec la racine de Cinapou, n'est point énivrant et perd sa propriété narcotique. Le Connami-Para étant extraordinairement léger, n'est pas propre à énivrer durant l'été, parce que, dans cette saison, les eaux des rivières étant salées, et lui-même étant plus léger que l'eau de mer, il surnage à l'eau salée: il n'énivre alors que les *Gros-yeux*, qui se tiennent toujours à la surfacc de l'eau; mais il est propre à énivrer dans les tems de pluies et dans les eaux douces, parce qu'étant plus lourd que les eaux douces, il cale alors davantage et peut énivrer les poissons qui se tiennent à une certaine profondeur. La semence du *Connami noir* reste quelquefois six mois à lever; et quand on coupe le petit bois des abatis, on seme les graines dans les bois; quand l'abatis est coupé et brûlé, ces graines lèvent avec les premières pluies, malgré que le feu ait passé dessus. Au reste il prend de boutures comme le Connami Para. La graine de Cinapou se seme. Les Portugais, qui connaissent plusieurs sortent d'énivrages, emploient le suc laiteux d'un végétal que nous ne connaissons pas. On assure qu'une bouteille de ce suc suffit pour énivrer plusieurs criques.

NICOU OU LIANE A ÉNIVRER,

(Robinia Nicou Diadelphia, Décandria.)

Mais de tous les énivrages, le plus puissant, est, sans contredit, la liane à énivrer; ennemie de la lumière, elle croît naturellement dans les *grands bois*, et sous leur ombrage épais; on dirait que la nature a voulu la placer hors de la main de l'homme, et la cacher dans la profondeur de ces immenses forêts. Les Portugais du Para, l'appellent *Tymbo*, et les Indiens, *Noragues*; *Nicou*, cette liane devient quelquefois grosse comme la cuisse; sa feuille ressemble parfaitement à celle du cacaoyer; son fruit est une gousse longue comme la casse, et donne un coton comme le fromager. Cette liane est extrêmement rare, ou plutôt les Indiens seuls savent où il faut l'aller chercher; elle est de la famille des légumineuses.

M. MALOUET, Administrateur.

La Colonie, bornée aux cultures des terres hautes, avait toujours été retardée dans son avancement, lorsque

M. Malouet parut. Cet habile administrateur alla lui-même à Surinam, enseigna aux colons de la Guyane à cultiver les terres basses. On voit dans la correspondance des administrateurs, que long-tems avant M. Malouet, M. Lefèvre Dalbon, intendant à Cayenne, prédisait que la Colonie ne deviendrait importante, que lorsque à l'exemple de nos voisins, elle cultiverait les terres basses. M. Dalbon, parlait alors un langage prématuré, aux habitans asservis aux anciennes routines, qui, depuis, ont eu tant de peines à descendre de leurs montagnes, et à quitter leurs terres hautes pour se livrer aux cultures si avantageuses des terres basses. (*a*)

(a) Tout le monde sait aujourd'hui que c'est à M. MALOUET que la Colonie doit la connaissance des cultures de terres basses ; mais tout le monde ne sait pas combien cet Administrateur, dont les vues étaient si libérales, a éprouvé d'obstacles et de contrariétés, de la part des habitans, dans le bien qu'il voulait leur faire. Il existait contre lui un parti considérable qui se composait surtout de gens dont il avait démasqué la conduite, ou prouvé l'ignorance.

Il n'y avait pas de petites ménées sourdes, de moyens obscurs, que cette cabale n'employât pour le harceler, et lui inspirer des dégoûts de toute espèce; mais M. MALOUET, bien supérieur a toutes ces tracasseries, méprisait l'acharnement de pareils ennemis. Plusieurs d'entreux avaient fait circuler des vers aussi plats qu'injurieux à sa personne. M. MALOUET s'en vengea gaiement par une petite pièce qu'il leur laissa en partant pour Surinam. On sera peut-être bien aise de la trouver ici. Pour l'intelligence de ces vers, il faut savoir que le frère de M. MALOUET, M. DALIBERT, venait d'arriver du Sénégal; M. MALOUET suppose qu'un de ces conciliabules où ses ennemis se réunissaient pour entendre la lecture des vers faits contre lui, est assemblé et que M. DALIBERT est invité à y entrer.

Les voici :

Dans un recoin de l'Amérique,
Peuplé de fous et d'hydropiques,
Un Monsieur couleur de cacique (1)
De sa large bouche helvétique
Débitait d'un air emphatique

(1) M. Folio Desroses, de race indienne, Coryphée du parti de l'opposition.

Avant de parler de la culture des terres basses, dont nous nous occuperons plus spécialement, nous dirons un mot de chaque espèce de culture en particulier.

DU CAFÉ.

Le café a été introduit à Cayenne, en 1721, par des

De plats vers qu'il disait lyriques.
Depuis trente ans cet empyrique
Amusait la bande apathique
D'odes et de couplets prosaïques;
Vint un émigré du tropique, (2)
Ça, lui dit-on, la poétique
Est notre fait; et la boutique
Où nous puisons pour le comique,
La pastorale et l'héroïque,
Est cette salle académique
Où ce gros homme apoplectique (3)
Vient reposant sa sciatique :
Entrez au lieu qu'on vous indique;
Vous prendrez goût à la réplique.
Il entre, et la troupe cynique
L'acueille d'un air sympathique
Et le régale d'un distique
Moitié gaulois, moitié belgique.
Fi! Messieurs, c'est de l'émétique,
Votre verbiage rustique
Écorche mon oreille attique;
Allez, allez, c'est une chique,
Et non minerve qui vous pique;
Votre hippocrène est une crique,
Votre pégase une bourrique,
Et je regagne mon tropique.

---

(2) M. Dalibert, frère de M. Malouet, Commissaire de la marine.

(3) Le personnage dont il est ici question ayant encore, dans la Colonie, une partie de sa famille, nous nous dispenserons de le nommer.

déserteurs Français qui avaient été à Surinam, et qui, pour obtenir leur grâce, avaient rapporté à Cayenne, des plants de ce précieux végétal.

Autrefois on cultivait le café, seulement dans les terres hautes; le quartier d'Oyapock était celui qui en produisait davantage. Aujourd'hui on commence à le cultiver en terres basses; mais il n'y a point encore de plantations bien considérables en café. Je n'en ai vu aucune qui puisse être comparée à la plus médiocre de Surinam, si ce n'est celle de M. Mazin, commandant de quartier à Approuague, qui en fait 45 à 50,000 livres par an, et qui, dans peu de tems, en produira bien davantage.

Plusieurs de nos terres basses sont cependant très-propres à cette culture, celles, particulièrement, dont la surface est couverte de terreau ou de débris de végétaux, comme celles d'Approuague et d'Oyapock, lui conviendraient parfaitement; et si les plantations qui ont été entreprises, dans ce genre, n'ont pas mieux réussi, cela ne provient, sans doute, que de ce qu'elles n'ont point été assez desséchées. (*a*)

De toutes les terres basses de la Colonie, celles de la

(*a* Nous observerons, cependant, que quand les terres sont extrêmement desséchées, les caféyers souffrent beaucoup en été, parce qu'alors les t rres se gercent à l'ardeur du soleil, et ses rayons pénétrant dans les fentes, échauffent la terre et brûlent les racines des arbres. Pour éviter ces accidens, et si les localités le permettent, il faut faire rentrer l'eau des pinautières dans les pièces, où on les retient par des batardeaux, après en avoir rempli les fossés et les tranchés. Rien n'est plus favorable aux caféyers que ces sortes d'irrigations, pendant les mois de sécheresse; c'est le moyen que j'emploie sur mon habitation *Saint-Peray*, à Approuague. Là, un canal navigable, qui n'a point de communication avec la rivière, tire ses eaux des *pinautières*, par le moyen d'un petit coffre à vanne, placé à la digue de derrière qui confine aux *pinautières*.

On fait entrer l'eau par cette vanne, et le canal navigable qui la reçoit, la distribue ensuite aux pièces que l'on veut arroser.

rivière d'approuague, sont, sans contredit, les meilleures pour la culture du caféyer; quelques terres montagneuses, comme celles d'Oyapock et de Kaw, et quelques-unes de la rivière d'Oyac, pourraient convenir au caféyer, comme le prouvent les petites plantations qu'on y a faites autrefois. Mais autre chose est de cultiver en grand; les caféyers qui sont plantés dans les terres hautes d'Oyapock et de Kaw, sont à l'entour ou dans les environs des établissemens; les balayures, les immondices, les bourriers, que l'on jette continuellement dans ces caféyers, y forment un bon engrais, qui contribue puissamment à les rendre beaux et vigoureux; mais quand on a voulu s'éloigner des cases, et étendre ces plantations au loin, on a rarement réussi; c'est ce qui a fait dire dans le pays : que le *caféyer aime à écouter aux portes*. On assure, cependant, qu'il y a eu à Roura, particulièrement, des plantations de caféyers assez étendues. Les principales étaient celle de M. Démontis, à Roura, même (1775), et celle des Jésuites, au Maripa (confluent d'Oyac et de la Comté). M. Boutin, à Kaw, avait fait aussi, en terres hautes, une plantation de caféyers, mais elle n'a pas duré. Aucune de ces habitations ne donnait un produit semblable à celle de M. Mazin, à Approuague, qui est formée de 80,000 pieds, d'une admirable beauté. Par ce que nous venons de dire, on peut juger de l'état passé et présent de la culture du caféyer, dans la Colonie. Depuis près d'un siècle, nos voisins comptent leurs récoltent de café, par *cent milliers*, lorsque nous comptons encore à peine par *milliers*!!!

Le Café des terres hautes passe pour être meilleur au goût que celui des terres basses ; ce dernier a un coup-d'œil plus agréable, en ce que son grain est petit, rond et d'une belle couleur de corne; celui des terres hautes, au contraire, est gros, plat, et blanchit aisément. La culture du café est si peu avancée, ici, qu'aucune habitation, où l'on en a planté, ne réunit les bâtimens, glacis, moulins, etc., indispensables à l'exploitation.

LE CACAO.

La culture du Cacao est plus étendue; les plus anciennes plantations sont celles des montagnes de la côte; il eût été bien à désirer que, dans le principe, ont eût couvert toutes les montagnes de cacaoyers; elles donneraient aujourd'hui des produits considérables, tandis que la plus grande partie des terres qu'on a plantées en cotonniers et en cannes, sont aujourd'hui tellement usées, que les cotonniers n'y rapportent que très-peu, et les cannes y viennent à peine.

Maintenant on tenterait en vain de faire sur ces montagnes de nouvelles plantations de cacaoyers; on eut parfaitement réussi, comme le prouvent les plantations actuellement existantes, parce que les torrens de pluies n'avaient point encore lavé ni entraîné le terreau qui était à la surface du sol. Ces terres d'ailleurs sont maintenant infestées d'une telle quantité de fourmis, qu'il serait presqu'impossible de les détruire; et ces insectes destructeurs auraient bientôt dévoré les jeunes plants de cacaoyers qu'on mettrait en terre, tandis qu'ils ne touchent nullement aux cotonniers, aux cannes, et très-peu aux cacaoyers déjà grands. Les nègres même ont toutes les peines à en préserver leurs abattis de manioc; et ce n'est que par un moyen aussi extraordinaire que dangereux, qu'ils y parviennent. Ils remarquent les traces que suivent les fourmis, et mettent sur leur passage, de jeunes bourgeons de *Monbain*, que ces insectes dévorent de préférence au manioc.

Par ce moyen, ils garantissent leurs plantations, mais ils alimentent leurs ennemis, au lieu de les détruire.

On a réussi à avoir d'autres belles plantations de cacaoyers en terres basses; le quartier d'Approuague en offre plusieurs assez considérables, et c'est le quartier qui paraît le mieux convenir à cette culture.

Nous n'entrerons dans aucuns détails sur la manière de cultiver ce végétal. Nous dirons seulement qu'il ne paraît pas produire dans cette Colonie, comme dans celle de Surinam. Si l'on en croit M. Guisan, il dit que les cacaoyers y rapportent communément 5 à 6 livres par pied. On n'a jamais observé à Cayenne, un pareil produit.

J'ai administré, pendant treize ans, une des plus fortes habitations en cacao de la côte de Cayenne (a); elle en comptait 17,000 pieds, et son produit annuel moyen, était de 32,000 livres. La plus forte récolte qu'elle ait donnée, sous mon administration, a été de 41,000 livres, ou un peu moins de deux livres et demi par pied. Comme la récolte de cacao arrive dans la saison des pluies, il est fort difficile de le faire sécher au soleil. On l'étend sur des claies ou des nattes placées à environ cinq pieds au-dessus de la terre, dans des chambres bien closes, et on fait du feu sous ces claies. Outre que ce moyen est au détriment de l'habitant, à cause du déchet qui est plus considérable par ce procédé que par l'*insolation*, c'est qu'encore on assure que le cacao ainsi boucané, contracte une odeur de fumée très-désagréable qui le fait déprécier par le commerce.

Les Hollandais de Surinam roulent le cacao dans la cendre, et l'exposent eansuite u soleil ou à l'air pour le sécher; ce moyen peut avoir quelques avantages, mais

---

(a) Il y a à Approuague des habitations de 40 à 50 mille pieds de Cacaoyers.

il augmente nécessairement le poids du cacao : la meilleure méthode serait, sans contredit, de le faire sécher à l'étuve ; mais aucun habitant n'a encore de ces bâtimens.

LE ROCOU.

Le rocou a été long-tems la culture la plus répandue ; c'est la plus ancienne de la Colonie. Peu de denrées présentent plus de vicissitudes dans le commerce ; tantôt elle est recherchée avec empressement, et tantôt elle est sans demande ; ce qui a dégoûté beaucoup d'habitans qui l'ont abandonnée pour se livrer à d'autres cultures ; mais ce qui a particulièrement occasionné la dépréciation de cette denrée, est le peu d'attention et peut-être la mauvaise foi qu'on a apportée dans sa fabrication. Le rocou vient généralement mieux dans les terres humides et marécageuses, que sur les montagnes. Les terres basses lui conviennent beaucoup : il y en a de très-belles plantations à Approuague, quoique depuis quelque tems on les abandonne pour les cacaoyers et pour les cannes à sucre. La manipulation du Rocou est très-longue et très-minutieuse ; il faut d'abord éplucher les *Gousses*, piler les graines, les faire tremper, les presser et en passer l'eau colorée dans des canots, où la fécule se dépose ; quand on a répété cette opération plusieurs fois, on obtient une certaine quantité de fécule, qu'on nomme ici Calage ; alors on décante pour avoir le *Calage* qui s'est précipité, et que l'on fait bouillir jusqu'à consistance de patte ; c'est le roucou du commerce. (Voyez les ouvrages qui traitent particulièrement de la fabrication de cette denrée.)

On est étonné que la culture du rocou, qui est la plus ancienne, et qui a été si long-tems la plus répandue, n'ait éprouvé aucun perfectionnement dans sa manipulation : c'est avec les doigts que les négresses épluchent le rocou, c'est avec des bâtons ou pilons de bois qu'elles écrasent ces graines, dans de longues auges faites de grands arbres creusés, que l'on nomme *Piles* : c'est avec les mains qu'elles pressent ces graines, quand elles ont trempé pendant quelque tems. On conçoit facilement combien de tels procédés sont longs et minutieux. On n'a encore imaginé aucune machine propre à les simplifier. M. Tresse, ancien chirurgien ee l'hôpital militaire, avait fait construire un moulin à meules de bois pour écraser les graines ; mais cette invention n'a pas été couronnée de succès, et il est probable que l'état de défaveur dans lequel cette denrée est tombée, n'encouragera pas les mécaniciens. Des habitans qui font beaucoup de rocou sur leurs habitations, m'ont assuré que l'attitude de la négresse qni épluche du rocou, l'obligeant à rentrer l'estomac, nuit essentiellement à l'économie animale, et que celles qui font ce métier assidument ne vivent pas long-tems; l'un d'eux a abandonné cette culture pour ce motif. Cependant de toutes les cultures, c'est celle où on peut le mieux utiliser la population. Les vieillards, les infirmes, les enfans épluchent, pressent, transportent l'eau pour la manufacture, tandis que les hommes faits et les négresses travaillent aux plantages.

CANNES A SUCRE,

Depuis long-tems l'on a cultivé les cannes à sucre à Cayenne; il y avait même autrefois un assez bon nombre de sucreries dans la Colonie. On voit sur les cartes de Danville, ces établissemens marqués ; la plus grande partie était dans la rivière d'Oyac et de la Comté. Je ne sais à quoi il faut attribuer la ruine de tant de sucreries : les partages que les enfans font de ces grands biens, à la mort de leurs pères, en occasionnent les démembremens ; et voilà, sans doute, une des causes de leur décadence. Quoique beaucoup de personnes se livrent à la culture des cannes, on ne peut citer que très-peu d'habitations en ce genre, qui donnent beaucoup de revenus. Si l'on excepte les deux sucreries du canal et l'ancienne habitation Beauregard, les autres ne donnent que des produits très-bornés. On ne compte parmi tant d'habitations à cannes, que deux moulins à eau; celui de Beauregard, qui est parfaitement bien établi, et celui de M. Malvin, rivière de Cayenne, qui est un moulin à marée, qui serait susceptible de perfectionnement. Le Gouvernement avait autrefois à Approuague, une très-belle habitation appelée le *Collège*, où M. Guisan avait construit un superbe moulin à marée. Cette habitation ayant été abandonnée par suite de la liberté des noirs, le moulin et les plantations ont été bientôt ruinés et dégradés; ceux qui ont vu ce bel établissement ne peuvent s'empêcher de regretter sa perte; il était le modèle et l'objet d'encouragement offert par le Gouvernement aux habitans de la Colonie, qui convaincus, par cet exemple, de la supériorité des terres d'Approuague, et des produits dont elles étaient capables, venaient s'établir le long de ses bords. Déjà on voyait sur la rive droite une étendue de près de deux lieues travaillée et cultivée par une douzaine de propriétaires dont les habitations se communiquaient à l'instar de celles de Surinam, par des digues bien faites et bien entretenues. La petite rivière de Courouaye, qui verse ses eaux dans Approuague, et dont les terres, à quelques égards, sont encore préférables à celles de la grande rivière, avait aussi plusieurs établissemens en terres basses, qui existent encore dans toute leur splendeur; mais ceux de la grande rivière ont presque tous été abandonnés, et ruinés à l'exception de trois.

Les habitans d'Approuagee ont été les premiers qui ont cultivé les terres basses; aussi le Roi, pour les encourager, avait promis et accorda le titre de *premiers Colons* aux dix premiers habitans qui fonderaient des établissemens en terres basses; la seule immunité, attachée à cette qualité, était l'exemption de capitations à perpétuité, pour la propriété. La révolution qui avait aboli tous les privilèges, enleva aux premiers colons la jouissance de cette exemption; mais sous le Gouvernement juste et paternel des Bourbons, ils doivent espérer que leurs réclamations seront accueillies, et que cette prime d'encouragement, qu'ils ont méritée par leur dévouement et tant de sacrifices, leur sera réintégrée. On voit par les produits des habitations du Canal, ce que donneraient des habitations bien établies, à Approuague, dont les terres sont les premières de la Colonie, après celles du Ouanary. Voyez l'ouvrage de M. Guisan; mais n'empiétons pas sur l'ordre que nous avons établi. Nous reviendrons plus tard sur la culture des terres basses.

Tous les ouvrages qui traitent de la culture des cannes, ne sont presque d'aucuns secours pour les colonies, en terres basses, si l'on en excepte celui de M. Guisan.

Le climat de la Guyane, alternativement, sec et pluvieux, la nature des terres basses, qui est si différente des terres des Antilles et de Saint-Domingue, réclame d'autres soins et d'autres précautions.

On connaît ici trois espèces de Cannes: la petite canne ou canne créole, qui était cultivée depuis long-tems dans toutes les colonies; sa tige est droite et ses feuilles érigées; elle est d'un beau j'eaune quand elle est mure : c'est la canne la plus propre à faire du sucre, mais ses produits sont moitié moindres que ceux de la canne d'Otaïti. Celle-ci nous est venue de l'Inde, et a été apportée ici en

1789, par M. Martin, botaniste. Depuis quelques années elle a pris faveur, et on a abandonné les cannes créoles, pour celles d'Otaïti, qui ont, sur les premières, l'avantage d'être beaucoup plus grosses, plus longues et moins délicates; elles réussissent fort bien dans les terres où les cannes créoles ne viennent point; cependant quand on fait des plantations, il faut apporter une attention particulière dans le choix des plants, parce que les *yeux ou boutons* de cette canne, sont généralement mal nourris et déprimés, et par conséquent peu propres à *la germination*: un carré de canne d'Otaïti, bien venue et prise au juste point de mâturité, peut donner de 4500 à 5000 pots de sirop. Les tiges de la canne d'Otaïti, sont longues, arquées et s'entrelassent les unes dans les autres. On prétend que le sucre provenant des cannes d'Otaïti, est, à volume égal, moins pesant que celui qu'on tire des créoles. La troisième espèce de cannes, est la canne violette ou canne de Batavia, qu'on ne cultive point en grandes plantations, mais dont on a quelques touffes par curiosité.

Le baron de Humblot dit que ce sont celles qu'on préfère au Mexique pour faire le bon rhum. J'ai commencé à les multiplier chez moi, pour en faire l'essai.

Nous ne parlerons point ici de la manière d'établir les sucreries, des divers procédés pour faire le sucre, etc., ce serait l'objet d'un traité particulier. Nous renvoyons aux ouvrages faits sur cette matière, qui sont en grand nombre; celui de Dutrône nous paraît un des meilleurs. Un habitant de la Martinique, M. Boireau, a donné une nouvelle méthode de monter les chaudières à sucre, qui, sans contredit, est la meilleure, connue jusqu'ici. On emploie aussi, depuis quelques tems, des substances gommeuses pour la clarification du *vezou*; ce procédé, qui a été communiqué par des sucriers venant de Saint-Domingue, indique le mucilage extrait de *l'orme pyramidal*; on a suppléé ici, à l'orme pyramidal, par d'autres végétaux qui fournissent cette substance en grande abondance. (*a*)

COTONNIER.

On plantait autrefois les cotonniers sur les pentes des montagnes; aujourd'hui on les cultive en terres basses avec un avantage incomparable; mais toutes les terres basses ne sont pas également propres à cette culture. Celles qui sont au bord de la mer, sont les seules qui lui conviennent parfaitement. Il faut, au cotonnier des terres salées; et celà est si vrai que celles qui se sont dessalées par le dessé-chement et par le tems, ne conviennent plus au cotonnier, qui ne peut même plus y végéter. Un carré de cotonnier, dans une bonne terre, peut rapporter de 7 à 900 livres de coton.

Le coton des terres hautes est plus beau, plus soyeux que celui des terres basses; mais le cotonnier rapporte très-peu dans les terres hautes. Il est beaucoup moins compressible que celui des terres basses, et à-peu-près dans le rapport de 4 5.

On a introduit ici des graines de cotonniers de Naples,

(a) Nous avons vu à l'article caféyer, combien les irrigations sont favorables pendant les chaleurs de l'été; j'ai employé l'eau de la rivière qui est salée, pour humecter la terre des pièces voisines des rives, plantés nouvellement en cannes, à une grande profondeur, et recouvertes de terres, à cause de la sécheresse. A la vérité je n'ai point contenu ces eaux par des batardeaux; j'ai seulement submergé la terre par les grandes marées pendant 3 ou 4 jours: ce moyen m'a parfaitement réussi, et au bout de 15 à 20 jours, les jeunes pouces de cannes ont commencé à poindre hors de terre: on n'a point à craincre que les cannes retiennent la salivre des eaux. La terre, pendant la durée de cette opération, a à peine le tems de s'imprégner de sel, et le peu qu'elle en pourrait contenir, sera bientôt délavé et fondu par les pluies abondantes de l'hiver suivant.

(Gossipium herbacium), qui a l'avantage de rapporter au bout de six semaines ou deux mois, joint celui de donner un produit considérable. Le Gouvernement a eu la sage précaution de les arrêter : un des inconvéniens auxquels l'introduction de ce coton pouvait donner lieu, était que le mélange des poussières fécondantes, n'altérât le coton de Cayenne, qui est si beau, et qui a acquis une si grande réputation dans les marchés de l'Europe. Je m'étais procuré quelques plants de ce cotonnier que j'ai cultivés ; j'ai recueilli les fruits quatre mois après que les plants ont levé. Il rapporte effectivement beaucoup ; la qualité de coton, quoiqu'inférieure à celui du pays, est pourtant assez belle ; mais ces essais doivent être faits en grand, pour obtenir des résultats certains. Dans tous les cas, les rapports du cotonnier herbacé ne peuvent être comparés à ceux du cotonnier arbuste d'individu à individu, parce que le cotonnier herbacé étant très-petit, donnera nécessairement une bien moindre quantité de fruits que le cotonnier arbre : ces comparaisons doivent s'établir entre deux espaces de terreins égaux en surface, dont l'un serait planté en cotonnier d'une espèce, et l'autre en cotonnier d'une autre espèce.

COTON DES OYAMPIS.

Les Indiens Oyampis cultivent une espèce de coton bien supérieure encore en beauté au coton de la Colonie ; les *Gousses* que nous avons vues, sont beaucoup plus grosses ; la soie du coton plus abondante, plus longue, plus belle ; la graine ne se détache point nue, comme celle du coton de Cayenne ; mais elle reste recouverte d'un duvet très-adhérent, comme la graine du coton de *Siam*. Il serait facile de se procurer des graines de ce coton, maintenant qu'il y a des communications établies entre les Indiens Oyampis et les habitans d'Oyapock.

ÉPICERIES, GIROFLIERS.

C'est en 1777 que les premiers girofliers nous sont arrivés de l'Inde ; on en rapporta cinq plants dont un fut planté à l'habitation de M. Macaye (Mondélice), un autre sur l'habitation de M. Courant, à la côte *les Plaisirs*; le troisième sur l'habitation de M. Boutin, à Kaw, et les deux autres sur d'autres habitations. De ces cinq arbres, il en existe encore un, celui de l'habitation Mondélice, aujourd'hui à M. Vidal. Le plus beau était celui de M. Boutin ; il avait près de 60 pieds de haut et 25 ou 30 pieds de périmètre dans l'endroit le plus large de son feuillage; il est mort en 1800, après avoir donné trois barils de girofle. Pour le récolter, on l'entourait d'un échafaudage que traversait en tous sens des barres qui servaient d'échelons. C'est de ces trois arbres que sont venus tous les plants de girofliers qui existent dans la Colonie. Les premières plantations furent faites à l'habitation la *Gabrielle*, en partie sur le terrain appartenant au Marquis de la Fayette. Dans la révolution, les nègres de M. de la Fayette, furent réunis à ceux du Gouvernement, et après plusieurs contestations de part et d'autre, le terrain et les nègres furent vendus au Gouvernement, par M. de la Fayette, pour la somme de 100,000 fr. Aujourd'hui on a beaucoup étendu la culture du giroflier. On a l'expérience qu'il réussit parfaitement dans les terres basses, anciennement desséchées. Le giroflier, en terres basses, rapporte au bout de cinq ans, et donne chaque année une bonne récolte, bien différent en cela du giroflier de terres hautes, qui ne rapporte qu'au bout de 9 à 10 ans, et qui ne donne guère que tous les trois ans. Il est donc plus avantageux de cultiver le giroflier en terres basses : quelques personnes prétendent qu'en terres basses le giroflier dure beaucoup moins (1). J'en ai quelques-uns sur mon habitation (terres basses), qui existent depuis plus de 30 ans, et qui sont fort beaux. Au surplus, je crois que dans une terre bien desséchée, le giroflier peut durer extrêmement long-tems. Les récensemens de 1818, donnent 121,804 pieds girofliers, plantés dans la Colonie.

LE MUSCADIER.

Le muscadier aromatique (myristica aromatica), est un arbre dioïque; il fut apporté à Cayenne, pour la première fois, en 1773, par M. Dalmand à qui M. Deschamps, chirurgien-major de l'île de France, avait remis trois graines pour mon père; une seule a réussi et a donné un muscadier mâle. Ce ne fut qu'en 1789, que M. Mertin, botaniste, apporta de l'île de France, sur le navire le *Stanislas*, une grande quantité de plantes asiatiques, parmi lesquelles étaient trois plants de muscadier qui furent déposés et plantés dans notre jardin. On avait choisi cet emplacement, parce que le muscadier mâle y existant déjà, les trois nouveaux plants en auraient été beaucoup plus rapprochés, dans le cas où ils se seraient trouvés tous les trois femelles; l'un d'eux périt presqu'aussitôt; les deux autres réussirent. Ce fut en 1795, qu'ils fleurirent pour la première fois. On reconnut que l'un était mâle, l'autre femelle. Celui-ci rapporta trois fruits qui furent mis en terre et levèrent parfaitement. Toute la Colonie sait que c'est aux soins que mon père a donnés aux premiers muscadiers et aux premiers plants, que l'on doit la naturalisation de ce précieux végétal, dans

(1) Quand il serait vrai que les girofliers dureraient moins en terres basses, il serait toujours plus avantageux de les planter dans ces terres, puisqu'ils y rapportent tous les ans.

la Guyane. Dans la révolution, l'assemblée coloniale arrêta que le jardin botanique que l'on entretenait à Cayenne, serait transféré à Baduel, et que toutes les plantes et arbres, qu'il renfermait, seraient transplantés à ce nouveau gîte. Les muscadiers, qui étaient dans notre jardin, furent compris dans le fatal arreté. On voulut les enlever, mais mon père s'y opposa fortement, et secondé de quelques personnes notables qui se réunirent à lui, il fit des représentations si énergiques, qu'il obtint la grâce des muscadiers. Je dis la grâce, parce que dans cette déportation, nous avons perdu un grand nombre de végétaux précieux, parmi lesquels étaient le *Mangoustan*, le *Raven-Sara*, etc., et probablement les muscadiers auraient eu le même sort. Il n'y a point encore de plantations de muscadiers considérables à Cayenne. Celle que j'avais sur mon habitation de Tonnégrande, a beaucoup dépéri; mon éloignement de la ville qui m'a empèché de surveiller convenablement cette plantation, et plus encore les dégoûts que j'ai éprouvés, à son occasion, sous le Gouvernement Portugais, sont les causes de ce dépérissement. Un des plus grands obstacles, à sa multiplication, c'est qu'un grand nombre de graines que l'on met en terre, ne germe pas, surtout lorsqu'il y a plus de 15 jours qu'elles sont récoltées. L'amande du muscadier étant huileuse, se rancit très-promptement et perd alors sa faculté germinative; ensuite, des semences qui lèvent, la la moitié à-peu-près devient mâle, l'autre moitié femelle, et rien ne peut faire reconnaître le sexe que la fleur; or il faut cinq à six ans avant que l'arbre ne fleurisse. Il en résulte donc que l'on cultive à-peu-près la moitié de son terrein inutilement pendant tout ce tems; car il faut un très-petit nombre de mâles pour une grande quantité de femelles. Les marcottes sont un moyen sûr de multiplier le sexe du muscadier; mais ce moyen est borné; car on ne peut disposer qu'un petit nombre de marcottes autour du muscadier femelle. La greffe, par approche, semblerait être le moyen le plus étendu. Un habitant de l'île de France, M. Hubert l'a employé avec succès, et avait en 1803, une plantation de plus de 30,000 pieds de muscadiers rapportant, dont un grand nombre réunissait les deux sexes. J'avais fait l'essai de cette greffe sur mon habitation de Tonnégrande; mais le Gouvernement Portugais, sous le Gouverneur Pedro-Alexandrino-da-Souza, a fait enlever les plants qui étaient en expérience pour les envoyer au Para. Dans le nombre, il y avait une certaine quantité de *Guinguimadous* (myristica sebifera), que j'avais également greffés par approche, sur le muscadier femelle. D'après ce principe de botanique, que l'on peut greffer les unes sur les autres, les plantes *Congénères*. J'ai écrit, dans le tems, un mémoire sur la culture du muscadier; j'y renvoie pour une infinité de faits et d'observations qu'il serait hors de notre sujet de consigner ici.

La Colonie de Cayenne, est donc en possession des muscadiers qui y sont très-bien naturalisés; mais il est encore problématique que la muscade devienne jamais un grand objet d'exportation, jusqu'à ce qu'au moins on ait trouvé un moyen de multiplier le sexe femelle; et encore l'extrême sécheresse et les pluies précoces font-elles avorter un grand nombre de fruits sur les arbres qui périssent eux-mêmes, s'ils ne sont bien abrités des rayons brûlans du soleil.

MUSCADE DU PARA OU POUCHIRI.

Le fruit qu'on appelle *Muscade du Para*, est donné par un arbre indigène, nommé *Pouchiri*, qui n'est point un muscadier; mais ce fruit a une odeur aromatique extrêmement agréable, et est employé aux mêmes usages que la muscade.

LE CANNELIER.

(Cinnamomum), vient parfaitement bien à Cayenne; il réussit très-bien de boutures. Il serait très-propre à faire de belles haies de jardin; ce sont les pousses de l'année qui donnent la bonne cannelle; on ne peut l'extraire aisément que dans les tems de pluies. L'extraction en est trop difficile en été, malgré la précaution que l'on prend de laisser tremper, dans l'eau, les morceaux de branches coupées, dont on doit extraire la cannelle. La fleur du cannelier a une odeur spermatique très-désagréable. On en extrait très-peu dans la colonie. Plusieurs personnes, qui ont été dans l'Inde et à Ceylan, m'ont assuré que notre cannelle est âcre, et n'a pas la finesse et la douceur de la véritable cannelle de Ceylan. Le colonel Leclerc, qui avait été long-tems à Colombo, au service de Hollande, m'a souvent dit que la cannelle fine de cette île, était bien supérieure à la nôtre. Cette dégénération vient peut-être du terroir; car le cannelier de Ceylan a les mêmes caractères botaniques que celui cultivé à Cayenne; peut-être aussi la qualité inférieure de notre cannelle est-elle due à sa préparation. On extrait du camphre de sa racine.

LE POIVRIER.

Le poivrier *aromatique*, est aussi cultivé à Cayenne; mais il n'y a pas de grandes plantations. La plus considérable était celle de la Gabrielle, qui n'est presque plus rien aujourd'hui. j'ai vu cette plantation en rapport; les lianes du poivre couvraient les calebassiers qu'on leur avait donné pour *tuteurs*. Du côté du vent, les poivriers n'étaient point du tout chargés, tandis que, sous le vent, ils l'étaient considérablement : on a essayé ici de leur donner pour tuteur le *Moringa*, mais il était trop faible et de trop peu de durée ; l'arbre qui lui conviendrait le mieux, serait, je crois, l'*immortel*, à cause de sa résistance, de son élévation et de la tenacité de son écorce. J'en ai vu un qui rapportait sur un *avocatier*; il avait donné plus de 25 livres, à la récolte qui a précédé sa mort. Les Malabars prétendent que le poivrier vit autant que l'arbre sur lequel il s'attache, et qu'il meurt avec lui ; c'est un préjugé que l'expérience journalière détruit. Tous les jours nous voyons des poivriers mourir long-tems avant leur tuteur, comme aussi il arrive que les tuteurs, quand ils ne sont pas assez forts, sont étouffés par eux. Le poivre de Cayenne passe pour être d'une excellente qualité ; il mériterait qu'on donnât plus de soins à sa culture. (*a*)

En général, les épiceries réussissent fort bien à Cayenne. Quelques personnes ont fait la remarque singulière qu'elles s'y étaient naturalisées avec autant de facilité, parce que la Guyane était *antipode* des Moluques ; on saura bientôt jusqu'à quel point cette idée peut être juste, car depuis

(*a*) Depuis que nous avons écrit ceci, nous avons reçu la circulaire de M. le Gouverneur Comte CARRA ST-CYR, qui nous invite à fournir nos observations sur la culture du poivre, etc. S'il est vrai que le vrai tuteur du poivrier soit (comme le disent les notes envoyées par S. Exc. le ministre de la marine), un arbre à long fût, il pourrait être avantageusement remplacé, ici, par l'arbre *Parassol*, ainsi nommé à cause de sa forme ombellée, et dont le tronc est droit et plus ou moins élevé ; cet arbre, qui croît promptement, est très-commune à Approuague et à Macouria. L'Immortel, dont on élaguerait les branches, remplirait le même objet. Je ne connais pas le vrai tuteur du poivrier, qu'on dit être cultivé par les habitans de Cayenne, dans les jardins, à moins que ce ne soit le *Badamier* de l'Inde, dont le feuillage est étagé ; en supprimant tous les étages inférieurs, et ne conservant que celui du sommet, il pourrait remplir les conditions demandées. Nous trouvons, ici, le plus souvent, la vanille attachée aux troncs des vieux palmistes, ce qui confirmerait l'observation annalogue, à l'égard du poivrier, dans l'Inde, où l'on le rencontre grimpant sur les palmistes.

quelques années, on a transporté beaucoup de plants d'épiceries aux Antilles et au Brésil. Les plantations de girofliers qu'on a faites et qu'on fait tous les jours à Cayenne, suffiraient pour rendre cette colonie extrêmement importante à la France, si sous une infinité d'autres rapports, elle n'avait encore d'autres droits à l'intérêt du Gouvernement.

A divers époques, on a introduit, ici, un grand nombre de plantes asiatiques. Celles qui nous restent sont:

LE CARAMBOLIER AIGRE.

(Averrhoa), dont les fruits murs servent à faire des limonades.

LE BILIMBIER.

(Bellin-Bing de Boutin), dont le fruit aigrelet serait bon à faire des confitures et des achars, et est employé, au Malabar, en guise de verjus, dans les ragoûts.

LE MANOUIER.

(Manoifera), aujourd'hui si multiplié à Cayenne; son fruit est très-salutaire: on en fait d'excellens achars et des compotes. Plusieurs personnes assurent s'être guéries de fièvres lentes, dont elles étaient affectées depuis lon-tems, en mangeant beaucoup de ces fruits.

LE LITCHI.

(Euphoria Litchi); il y en a un à Baduel, qui a été apporté, ici, en 1796 ou 1797, et qui n'a point encore fleuri.

L'ARBRE A PAIN A CHATAIGNES.

(Socchus Granosus de Rumph ; Rima), arbor panifera, de la famille des jacquiers.

Il est androgyne; ses chataignes sont assez bonnes à manger, bouillies ou rôties.

L'ARBRE A PAIN A PULPE.

(Artocarpus Jaca), dont le précédent est le type; c'est la culture qui en a fait disparaître les chataignes, qui sont remplacées par une pulpe farineuse, dans le genre de l'igname.

LE SAGOUTIER.

(Qui est à Baduel). Je ne sais si c'est le véritable Sagoutier des Moluques, ou le Roufflier de Madagascar, dont les Madégasses font, avec les feuilles, ces belles pagnes, si recherchées des Européens.

LE ROTIN ou ROTANG.

(Calamus), qui a fort bien réussi ici, et qu'il serait facile de multiplier.

LE JAMBOISIER.

(Jamrose on Pomme rose, Eugénia, Jambos), dont le fruit a une odeur de rose, mais d'un goût très-fade.

LE POMMIER CANNELLE.

De la famille des Corossols (annônes).

L'AVOCAT BLANC.

Qui nous vient directement de l'Inde.

L'AVOCAT ROUGE.

Qui nous a été apporté du Para.

Il est encore quelqu'autres plantes venues de l'Inde, comme le Jacquier, qui n'est pas encore très-multiplié; les pommes de Cythère, dont le nom séduisant semblerait annoncer un meilleur fruit, etc. Nous nous sommes contentés de citer les principales.

CULTURE DES TERRES BASSES.

M. Guisan, qui, comme nous l'avons déjà dit, enseigna le premier aux habitans à cultiver les terres basses, les distingue en trois qualités; il met celles du Ouanary et d'Approuague dans la première; celles des Savannes entre Mahury et Kaw dans la deuxième, et celles de Macouria dans la troisième. L'expérience a confirmé la justesse de cette classification; car personne ne contestera la supériorité des terres d'Approuague, sur celles du Canal. Il suffirait de voir la différence de végétation de ces deux cantons pour s'en convaincre, si on ne savait d'ailleurs, que sur plusieurs habitations d'Approuague, on travaille depuis plus de trente ans, en cannes, des terres qui, sans aucunes préparations, que le curage des fossés, produisent toujours des cannes aussi belles que les premières.

DISTINCTION.

Des terres basses en terres d'anciennes et de nouvelles formations.

On pourrait distinguer les terres basses en deux espèces; celles d'ancienne et celles de nouvelle formation: les premières sont celles dont se forment les bords des rivières et les savannes noyées comprises entre les montagnes et la mer, telles que les immenses plages qui s'étendent de la rivière de Mahury à celle de Kaw; les autres ou les terres de nouvelle formation, sont les *Alluvions* nouvellement rapportées sur les côtes, par la mer, comme toutes celles que l'on voit le long de la côte de Macouria, etc.

Nous allons tâcher d'expliquer la foromation des tear basses anciennes. Si l'on suppose que le long d'une côte la mer rapporte consécutivement, et pendant une longue suite d'années, des dépôts de vases, successifs, ou *Alluvions*, il est facile de concevoir que les premières alluvions rapportées se seront aussi affaissées les premières au bout d'un certain laps de tems; d'où il résulte que le terrain au bord de la mer, sera plus élevé que celui des premiers rapports qui ont eu lieu près des terres fermes. Toute la plage aura donc une pente graduelle et très-sensible, du bord de la mer vers l'intérieur. Cette disposition du terrain sera cause que les eaux pluviales ne trouveront plus d'écoulement er formeront, dans l'hiver, comme un vaste bassin compris entre le bord de la mer et la côte de terre ferme. Les palétuviers, dont ces alluvions s'étaient d'abord peuplés, ne pouvant vivre dans l'eau douce, et s'y trouvant alors immergés, une partie de l'année, ne tarderont pas à périr, et feront place aux herbes et plantes aquatiques qui couvriront bientôt le sol.

Voilà l'origine des savannes noyées telles que celles comprises entre les montagnes de la Gabrielle et la mer. Avec le tems (et le tems n'est rien pour la nature), ces savannes se peupleront insensiblement d'arbres et de végétaux de toute espèce qui se plaisent dans l'eau douce; leurs débris successifs, leurs détritus couvriront et exhausseront progressivement le sol de couches de terreau où croissent une infinité d'arbres marécageux, et particulièrement une espèce de palmistes appelés *Origine des Pinautières.*

Les *Pinaux*, dont ces plages sont couvertes donnent leur nom aux terres basses que nous appelons *Pinautières*, lesquelles sont les plus fécondes de la Colonie, à cause de leur ancienneté et du terreau végétal que l'on y trouve quelquefois de l'épaisseur de trois pieds. C'est ce terreau qui fait la richesse du sol, et qui rend les terres d Approuague si supérieures à celles des autres rivières de la Colonie, Oyapock excepté.

Il faut, sans doute, un très-long-tems pour que tous

ces changemens aient lieu; mais il en est qui se sont opérés sous nos yeux. Les anciens habitans existans ont vu rapporter toutes les alluvions de la côte de Macouria; le chemin actuel, était alors le bord de mer. Depuis ce tems, plusieurs cultivateurs de ce quartier, ont vu la mer reprendre ces mêmes *Alluvions* où ils avaient fait leurs plantages; on allait autrefois à pied de Cayenne à la pointe *Tangui*, le long d'un anse de sable qui régnait au bord de mer. En 1795, les anses, depuis l'ancien cimetière jusqu'à Montabo, étaient des alluvions peuplées de palétuviers. Quand le Maréchal Destrées prit Cayenne, en 1676, il mouilla dans la rade, près des îles *Malouins*, qui sont aujourd'hui deux petits mornets sur l'un desquels est la maison de l'habitation Leblond. Le père Biet, en parlant des rivières d'Approuague et de Kaw, dit: la petite rivière d'Approuague, et parle de Kaw comme d'une grande rivière; c'est qu'alors l'embouchure d'Approuague était beaucoup plus reculée du côté d'Amont, dans l'endroit où elle commence à ce rétrécir, tandis que les deux bords de la rivière de Kaw, qui laissaient alors un très-grand espace entre eux, se sont rapprochés l'un de l'autre par des accroissemens ou dépôts de vase successifs.

Tous ces changemens sont encore prouvés par différentes choses qu'on a trouvées en travaillant à dessécher ces vases; en fouillant les fossés de l'habitation Leblond. On a rencontré une ancre. Au canal, dans les premières fouilles qu'on a faites, on a trouvé les débris d'un canot indien. A Approuague, sur mon habitation, à 750 toises du bord de la rivière, des nègres, en creusant, ont rencontré à 4 pieds de profondeur, dans la vase, une *Pagaye* dans la situation horizontale.

INCENDIE DES PINAUTIÈRES.

La richesse du sol, comme nous l'avons observé, dépend de l'épaisseur de cette couche de terreau qui le recouvre. Des accidens, comme le feu du ciel ou l'imprudence de quelques nègres qui voyagent dans ces *pinautières*, durant la saison sèche, armés de tisons ardens, pour y chercher leur nourriture, y déterminent quelquefois des incendies considérables. Dans l'été, ce terreau prend feu comme l'amadou; j'ai vu brûler les pinautières comprises entre la montagne d'argent et Approuague. En 1817, les pinautières de Courouaye ont brûlé pendant un mois entier; le feu y avait été mis par un nègre qui avait laissé tomber quelques étincelles. La fumée était si épaisse qu'on ne distinguait pas les objets à dix pas dans les habitations voisines, et sur la rivière depuis le matin jusqu'à neuf heures, où la brise d'Est commançant à s'élever, dispersait insensiblement cette fumée, que le calme du soir ramenait bientôt. Les pinautières, dont le terreau a ainsi brûlé, perdent beaucoup de leur fertilité.

D'après tout ce que nous venons de dire, il sera aisé de se persuader que le desséchement des *terres basses* exige des travaux plus ou moins considérables, plus ou moins pénibles, suivant leur nature et leur situation. Par exemple, les plus difficiles de toutes seront les pinautières, parce qu'il faudra d'abord abattre les arbres et faire des digues assez épaisses, assez élevées, assez solides, pour résister non-seulement aux marées, mais surtout à l'immense étendue d'eaux pluviales, qui menace de tous côtés de les rompre, et de les déborder; les plus aisées, au contraire, seront les vases de nouvelle formation, telles que celles de *Macouria*, au bord de la mer, où l'abattage des arbres n'est point couteux, puisque ce sont toujours de jeunes palétuviers, gros comme la jambe ou la cuisse; et comme dans ces *positions*, on n'a pas besoin de se garantir d'une grande masse d'eaux pluviales, on n'a pas besoin non plus des mêmes précautions, ni des mêmes dimensions, dans la construction des digues; de manière que, toutes circonstances égales, on entourerait, à Macouria, quarante quarrés de terre, contre dix à Approuague. De plus, l'espèce de culture appropriée aux pinautières d'Approuague, comme cannes à sucre, cacao, café, etc., exige, dans les travaux de desséchement, un degré de perfection inutile au cotonnier, que l'on cultive à Macouria.

M. Guisan et M. Santewbll de Démérary, ont fait chacun un ouvrage sur le desséchement et la culture des terere basses. Celui de M. Guisan est imprimé; mais les exemplaires sont devenus extrêmement rares. Celui de Santewbll est manuscrit, et par conséquent bien moins répandu. Tous les deux ouvrages sont très-bons; mais tels que l'un ne peut suppléer l'autre. M. Guisan, accoutumé à travailler avec de grands moyens, indique presque toujours des méthodes et des procédés dispendieux, qui conviennent peu au pays. M. Santewbll, au contraire, offre une marche économique bien plus appropriée à l'état de nos fortunes. A la vérité l'ouvrage de M. Guisan est plus général, et traite surtout des sucreries, tandis que M. Santewbll, a purement et simplement, pour but, le desséchement des vases d'ancienne formation et la culture du café. Il serait à désirer que le Gouvernement fit réimprimer l'ouvrag de M. Guisan et celui de M. Santewbll, dont il faudrait auparavant corriger les fautes de style, en apportant à ces deux ouvrages les changemens que l'expérience et les progrès qu'afaits la culture nécessiteraient. Il existe aussi un petit Précis sur la culture du cacao à Surinam, par Daval. Ce petit ouvrage est fort-bon, et pourrait être, avec les corrections nécessaires, imprimé à la suite de Santewbll. L'ouvrage de M. Guisan et celui de M. Santewbll, corrigés, seraient les *Manuels*, où l'habitant trouverait les règles et les principes d'après lesquels il devrait se conduire, dans l'exécution de ces travaux de desséchement et de culture.

CE QU'ON APPELLE, A CAYENNE, MARÉCAGES.

Ce qu'on appelle, à Cayenne, marécages, est bien différent des terres basses, toutes marécageuses qu'elles peuvent être.

Les terres basses sont des alluvions ou dépôts de vases rapportées par la mer. Les marécages sont des terreins inondés par les eaux pluviales, qui sont dans l'intérieur des terres, et dont la surface est également recouverte de terreau végétal, et où croissent les arbres d'un bois mou, des lianes et des pinaux. Quelques habitans ont entrepris, dans le tems, de dessécher ces marécages, à l'instar des terres basses, mais à moins de frais, et y ont eu des plantations de rocou, de la plus grande beauté, qui leur ont donné jusqu'à 3 ou 4000 livres par quarrés. Les quartiers de Tonnégrande et Mont-Sinéry, offraient de superbes plantages, en rocou, dans ces marécages.

Des rocous y ont duré environ dix ans; mais quand on eut travaillé tous les marécages qui étaient susceptibles de desséchement, ont a voulu reprendre les premiers qui avaient été cultivés, et qui étaient en bois revenus; mais on n'y a obtenu alors que des rocouyers médiocres, qui ont peu rapporté, et qui n'ont duré que très-peu de tems. Cependant on y peut encore planter du manioc, qui réussit très-bien, et des girofliers, qui y viennent parfaitement.

OYAPOCK.

Malgré que les terres basses d'Oyapock soient de première qualité, il n'y a jamais eu qu'une habitation en terres basses, c'est celle de la Compagnie . . . . dans la rivière du *Oüanarr*, qui dégorge dans la baie d'Oyapock. Cet établissement avait été fait en grand, et a été autrefois très-florissant; il a éprouvé beaucoup de vicissitudes, et nous ne savons pas dans quel état il est aujourd'hui. Les Portugais y sont entrés à main armée en 1795 et 1801. Dans la première expédition, il y avait un ingénieur qui était chargé de lever la carte du pays. Quelques années après, on trouva cette carte à bord de la *Princesse Royale*, bâtiment portugais construit au Para, qui avait été pris par un de nos croiseurs. Cette carte, faite avec beaucoup de soins, s'étendait depuis *Rio-Muju*, sur le bord duquel est bâtie la ville du Para, jusqu'à la rive droite de la rivière d'Approuague. Les Portugais, par une interprétation particulière du traité d'*Utrecht*, avaient toujours prétendu que leur limite était la rivière d'Oyapock. Cette prétention est exprimée sur cette carte par les *couleurs portugaises*, qu'ils y ont portées jusqu'à la rive droite d'Oyapock. Cette carte à laquelle est joint un mémoire géographique et historique, présente des détails infiniment précieux. On y voit les villes, villages indiens, habitations, postes et vigies, les lacs, les criques, les bancs, les sondes, les mouillages, l'établissement de la marée, la variation de l'aiguille aimantée sur différens points de la côte, etc.

J'ai fait une copie figurée de cette carte, qui a resté au dépôt de la Colonie. L'original avec le mémoire, ont été envoyés au dépôt de la marine, ou au bureau des longitudes à Paris. Cette première expédition emmena au Para, plusieurs habitans d'Oyapock, qui, craignant les suites du fatal décret de la liberté des noirs, quittèrent leur patrie pour la Guyane Portugaise. De ce nombre était

M. Dugrenouiller fils, créole très-instruit et très-éclairé, dont la Colonie a eu à regretter la perte.

On cultivait et on cultive encore au Ouanary le rocou; j'ai ouï dire qu'on y avait fait quelques plantations de cotonniers en terres fermes. Cette habitation aura le sort de toutes celles sur lesquelles les propriétaires ne résident pas, si ceux à qui elle appartient, ne la gouvernent eux-mêmes. Une autre habitation en terres basses de ce quartier, est celle de M. Jeaneau, à la Montagne d'Argent; il y a fait, au bord de la mer, de belles plantations de cotonniers. Les autres habitations d'Oyapock, sont dans l'intérieur de la rivière. Elles sont très-peu conséquentes, la majeure partie sont sur la rive droite.

Le café qui vient d'Oyapock, passe pour le meilleur de la Colonie; mais on n'en fait qu'une très-petite quantité. Il est cultivé par des familles libres de race indienne, dont se compose la plus grande partie des habitans d'Oyapock. Les hommes de cette caste, sont très-adroits et bons ouvriers; ils construisent des canots qui sont les mieux faits de la Colonie, et les plus propres à tenir la mer; des pirogues, et même des petites goëlettes. Les Indiens de cette rivière sont les plus industrieux, et les moins paresseux de la Guyane; ils s'engagent pour canotiers dans les pirogues, pour matelots avec les gaboteurs; se mettent au service des habitans, comme ouvriers, pêcheurs, ou chasseurs. Le *Couripi* est une des branches de l'Oyapock, dans laquelle se jette la crique Araoua; les Indiens de ces rivières, font, dans la saison des pluies, une pêche très-curieuse dont on sera peut-être bien aise de trouver ici les détails.

CRIQUE ARAOUA.

Manière curieuse dont les Indiens y font la pêche des Coulans, *et autres poissons d'eau douce.*

La crique *Araoura* est très-poissonneuse ; les coulans, patagayes et autres poissons d'eau douce, y sont extrêmement abondans ; dans la saison convenable, les Indiens s'y rendent en assez grand nombre. Vers l'embouchure, ils barrent la crique par une espèce de batardeau formé d'une *Lambourde* garnie de piquets. Cette lambourde est placée, à-peu-près, au niveau de l'eau, et les piquets désafleurent de deux ou trois pieds. Vers le milieu de la lambourde, qui est aussi le milieu de la crique, ils laissent un espace de deux ou trois pieds, où les piquets sont enfoncés à l'effleurement de la *Lambourde*, de sorte que dans cet endroit de la barrière ou du batardeau, il y a comme une embrasure de deux ou trois pieds de large. D'après cette disposition, on conçoit aisément que les eaux de la crique, en *Amont* de la barrière, rencontrant un obstacle, se gonfleront nécessairement, et seront plus élevées que du côté de l'*Aval*; les Indiens alors placent un canot en aval de la barrière et à la toucher : les poissons, qui descendent rapidement avec le courant, rencontrant partout le batardeau, ne peuvent faire autrement que de sauter par l'embrasure, le canot qui est de côté, est comme ponté de lattes ou claies de pinaux, dans lesquelles on a pratiqué un petit paneau d'un pied carré; les poissons qui sautent par l'embrasure, tombent sur la claie ou pont du canot, et les Indiens, qui veillent attentivement, ont soin de les faire glisser dans le panneau, où il y a toujours un ou deux pieds d'eau pour les recevoir. Rien n'est plus amusant que de voir sauter ces poissons par l'embrasure de la barrière; ils se succèdent avec une vîtesse incroyable ; aussi le canot a-t-il bientôt sa charge. Quand un canot est plein, un autre vient à sa place pour le charger et ainsi de suite. Les Indiens vont alors chez les habitans leur vendre le poisson en vie ; ils en donnent une grande quantité pour un peu de tafia, ou toute autre bagatelle, dont ils croient avoir besoin.

C'est en remontant une autre branche de l'Oyapock, qu'on trouve les forêts naturelles de cacaoyers; on rencontre d'abord ces arbres, ça et là, à de grandes distances les uns des autres; ensuite on les trouve successive-plus rapprochés entr'eux, jusqu'à ce qu'enfin, on arrive à des forêts entières. Le cacao de camopi a beaucoup de ressemblance avec celui de Caraque : c'est celui dont on fait toutes les plantations d'Approuague.

Autrefois, quand les Indiens étaient plus nombreux, ils allaient ramasser le cacao dans les forêts naturelles, et venaient le vendre aux habitans ou à la ville. Il y avait à Oyapock, une mission sous l'invocation de St-Paul, et un poste militaire. Ce poste avait été enlevé en . . . . par un corsaire américain, commandé par Simon-Potter (Voyez les lettres édifiantes, lettres du père Fauque, chef de la mission, qui fut pris lui-même par ce corsaire et envoyé ensuite à terre à Cayenne.) C'est sur le bord du *Ouassa* qui se jette dans la baie d'Oyapock, que Pomme, député de Cayenne à la convention, s'était établi, et avait formé une ménagerie avec les avances qui lui avaient été faites par le Roi. Il a dit à la tribune des Jacobins : mes parens voulaient faire de moi *un gros cochon* du bon Dieu (Chanoine). Je me suis refugié à la Guyane, et sur les bords du Ouassa. Là, seul, avec une négresse, plutôt ma compagnie que mon esclave, je vivais heureux et ignoré, lorsque la Colonie sachant qu'il existait dans son sein un homme extraordinaire, l'appela à son assemblée coloniale, et le nomma pour la représenter à la convention nationale. Ce langage grossier et démagogique, était bien digne des tems où il fut tenu. Cette douce compagne de M. Pomme, qui, certes, n'était pas un homme extraordinaire, était une laide et dégoutante africaine. On ne dispute pas les goûts : Pomme se faisait appeler à Paris, l'hermite d'Ouassa, et attachait une importance ridicule à cette dénomination.

Autrefois nous avions aussi une mission et un poste à *Macary*, bien au-delà de l'Oyapock. Nous devons regretter la perte de cette partie de la Colonie, où nos caboteurs allaient faire la pêche du Lamentin, dans les lacs qui sont en grand nombre depuis Macary jusqu'à l'Amazone; les plus considérables de ces lacs sont le lac *Macary* qui a douze lieues de tour, le lac *Mapa* et le lac *Maprouenne* ou *Mapouréme*, dont M. Labbé, gardien des limites, a donné les plans.

APPROUAGUE.

Les brillantes destinées auxquelles ce quartier était appelé par la fertilité de ses terres, et les travaux qu'on y avait entrepris, se sont évanouis comme un songe ! Il ne reste, de sa splendeur passée, que des ruines et quelques établissemens que le courage et la persévérance des propriétaires, ont maintenus au milieu des malheurs de toute espèce, dont ce quartier a été frappé. Naguère, le travail et l'industrie avaient créé, sur la rive droite d'Approuague, la plus belle habitation de la colonie (le Collège); tout a disparu ! . . Une longue cheminée de briques sur laquelle s'est implanté un énorme Gui, est le seul débris apparent que l'on découvre, en passant le long du bord.

A l'époque de la liberté des noirs, il y avait déjà à Approuague 24 à 25 habitations en terres basses, dont plusieurs commençaient à donner de beaux revenus. Non loin du Collège, on avait bâti un bourg, qu'on appelait le *Bourg-de-Villebois*, du nom de M. le Comte de Villebois, Gouverneur, mort dans la Colonie, dont la mémoire était chérie et respectée par les habitans. Il y avait dans le bourg, des casernes très-bien construites, un hôpital, une église, un presbitère et plusieurs maisons particulières.

Dans les jours de prospérités de ce beau quartier, les habitans et une partie de leurs nègres, se rendaient à la paroisse la veille ou le matin du dimanche; c'était une occasion de se voir, de se communiquer; on se réunissait chez le Commandant, ou chez le Curé. Les blancs, les noirs rassemblés, ce jour, là au bourg, lui donnaient un singulier mouvement; il y avait un petit marché; les goëlettes du Roi et celles des particuliers qui faisaient le cabotage, étaient mouillées devant le bourg, qui était situé au centre des habitations de la rivière; et les nombreux canots des habitans et de leurs nègres, arrivant ou partant, animaient encore le tableau.

Aujourd'hui il n'y a plus rien de tout cela; un bois épais et touffu, embarassé de lianes et de cambrouses, (*a*) occupe tout l'emplacement du bourg, et on ne voit pas même l'embarcadaire, que l'on reconnaissait encore il y a quelques années, aux fourches patibulaires qu'on y avait érigées. Vers l'embouchure de la rivière, à environ une lieu et demie de la rive droite, s'élève une grande et haute montagne isolée que l'on nomme *Carimaré* ou *Caïmaré*. On avait conçu le projet d'y bâtir une ville, qui aurait été le chef-lieu de la Colonie, et qui aurait com-

(*a*) Espèce de Bambous épineux.

muniqué à la rivière par un beau canal, à droite et à gauche duquel on aurait formé des habitations. Ce n'est pas ici le lieu de discuter les inconvéniens et les avantages de ce projet. L'idée d'une ville bâtie sur la pente de *Carimaré* est séduisante pour quelqu'un qui connaît les localités, mais elle n'est point admissible dans l'état actuel des choses. Toujours est-il vrai que la colonie ne deviendra riche et importante que lorsque Approuague sera cultivé, et que la navigation intérieure de Mahury à Kaw sera exécutée; nous reviendrons sur cette communication. Certes, il fallait que les habitans qui ont actuellement des terres basses à Approuague, fussent bien convaincus de la supériorité de leurs terres, pour avoir eu le courage de s'y maintenir jusqu'aujourd'hui, malgré les dégoûts de toute espèce dont ils ont été abreuvés depuis la liberté des noirs. Sans force publique pour les protéger contre les ennemis du dehors et du dedans; privés du secours de la religion, qui est un frein si puissant pour les esclaves; éloignés des hommes de l'art dans leurs maladies, ils n'ont d'autre communication avec la capitale, que celle que leur offre une navigation incertaine et souvent périlleuse.

Dans la situation actuelle, le moindre pirate peut entrer dans la rivière, piller les habitations et enlever les nègres impunément. En février 1801, deux goëlettes portugaises sont entrées à Oyapock; après avoir enlevé le propriétaire de la montagne d'argent (M. Boulé), elles ont canonné et pillé le *Oüanari*, et se sont emparées du bateau de l'habitation, qu'elles ont emmené chargé de leur butin. En 1805, plusieurs petits bâtimens de cette nation, sortant du Para, et ignorant le traité de paix qui venait d'être signé à Amiens, sont entrés la nuit, dans Approuague; ont débarqué sur l'habitation Risque-Tout

(vers l'embouchure), une vingtaine d'hommes armés, qui, après avoir blessé quelques esclaves, se sont saisis de l'économe, et l'ont lié et garotté. Après cette expédition, ils allèrent mouiller devant le poste de Villebois, qu'ils se mirent en devoir d'attaquer. Pour faire cesser ces hostilités, on leur envoya un canot parlementaire, avec copie du traité. En décembre 1808, quand les Anglais sont entrés à Approuague, pour s'en emparer, ils n'eurent qu'à se présenter pour s'en rendre maîtres, malgré le détachement que le gouvernement y avait envoyé, et qui ne fut d'aucune utilité, dans cette cisconstance, puisqu'il n'y avait pas même de position militaire, dans laquelle il peut se retrancher et se défendre. La rivière d'Approuague offre, cependant, plusieurs points avantageux pour établir un système de défense. A l'entrée de la rivière, est une île de terres basses d'environ une lieue de long, appelée l'*îlet* (*a*) *Matouni*, un peu plus rapprochée de la rive gouche que de la rive droite.

A la pointe septemtrionale de cet ilet, on pourrait construire un fort dont les feux se croiseraient avec ceux de deux fortins ou redoutes, que l'on bâtirait l'un sur la rive droite, l'autre sur la rive gauche de la rivière. Cette disposition ressemblerait beaucoup à celles qui défendent l'entrée des rivières de Surinam et de Comesoine. Notre système aurait sur celui de Surinam, cet avantage que les *feux croisés* seraient plus rapprochés. Un peu au-dessus de l'embouchure de Courouaye, qui se jette dans Approuague, est un petit ilet de terre ferme et de roches, assez élevé, appelé l'*Ilet-Pêcheur*, sur lequel on pourrait établir une batterie pour défendre l'entrée de cette rivière

(*a*) Le mot *Ilet*, n'est pas rigoureusement français, mais comme il est très-utile ici, dans ce sens, nous l'emploierons souvent.

aux bâtimens ennemis, qui, ayant trouvé le moyen de franchir une des deux passes de l'embouchure, voudraient entrer dans courouaye. Les Portugais, à l'époque de l'invasion, avaient bien reconnus l'utilité de fortifier ce petit point; ils avaient donné, à cet ilet, le nom de *Dona-Carlotta*, et y avaient établi une batterie de plusieurs pièces de canon. L'inspection d'une carte fera parfaitement bien comprendre tout ceci. On pourrait aussi défendre l'entrée de la rivière, par une ou plusieurs chaloupes canonnières, comme on avait fait en 1795, avec la canonnière *le Bec-d'Ambés*.

On a prétendu que pour faire communiquer Approuague avec Mahury, il faudrait que les canots à ouvrir de Mahury à Kaw, et de Kaw à Approuague, se fissent aux frais des concessionnaires qui s'établiroient sur les bords. Dans l'état actuel de la colonie, et suivant cette hypothèse, ce ne serait pas de sitôt qu'on verrait ces communications ouvertes. Ce n'était pas là le projet des anciens administrateurs, qui voulaient faire faire, aux frais du gouvernement, ces canaux, dont le principal objet eut d'abord été la communication avec Approuague, où l'on se serait établi de préférence, 1°. parce que les terres d'Approuague sont bien supérieures à celles des savannes que ces canaux eussent traversées; 2°. parce que (circonstances égales), les bords de mer et des rivières sont préférables, puisque l'écoulement y étant le meilleur possible, on peut donner aux desséchemens, toute la perfection dont ils sont susceptibles; tandis que le long des canaux, la profondeur des fossés dépend de celle du canal, dont le fond lui-même est toujours plus élevé que la *laisse* de la marée au bord de mer ou des rivières. Certes, si la navigation intérieure d'Approuague à Mahury, était exécutée, les cultures se porteraient incontestablement à Approuague, où l'on serait sûr de trouver des terres et des avantages locaux que peu de quartiers de la Colonie peuvent présenter réunis. Les bois y sont encore assez communs pour que les habitans puissent s'y procurer aisément tous ceux dont ils auraient besoin; la nourriture y est facile et abondante. Le bas de la rivière fournit une grande quantité de poissons, de crustacées, et de coquillages; certains y sont assez communs; mais c'est particulièrement dans le haut de la rivière qu'ils abondent. Quoique le poisson y soit plus rare que vers l'embouchure, on en prend facilement dans la saison, plusieurs espèces d'un goût délicieux. En été, les poissons de marécages sont également communs dans le haut et dans le bas de la rivière. Le manioc, le riz, le maïs, réussissent parfaitement dans les terres hautes et dans les terres basses de ce quartier; c'est surtout dans les vastes et belles bananeries qu'offrent les habitations d'Approuague, que les nègres sont assurés de trouver, en tout tems, une nourriture saine et facile. Là ils ne craignent point la disette; car on peut dire avec vérité que les bananeries y sont indestructibles, précieux et inappréciable avantage que la nature a refusé aux autres terres, même à celles du Canal, où les bananeries ne durent que 3 à 4 ans. Or, partout où les nègres (dont l'existence est toute physique), peuvent aisément se procurer la vie, ils sont heureux, robustes et bien portans, et on peut alors tirer de leurs forces, tout le parti possible.

Dans le tems où l'on a commencé à ouvrir le canal de Torcy, le Gouvernement avait certainement le moyen de le continuer jusqu'à Kaw, et c'était aussi le projet. La distance de Mahury à Kaw, sur l'axe du canal, est de

18,000 toises; et tout calcul fait (*a*) 100 nègres de pelles auraient ouvert le canal à trente pieds de largeur, et à une profondeur moyenne de six pieds, dans vingt-quatre mois; mais comme on n'aurait pu travailler à la fouille du canal que pendant cinq mois de l'année, à cause des pluies, le canal aurait été conduit jusqu'à Kaw, à la fin du cinquième été. Il resterait encore le canal de Kaw à Approuague; mais il ne serait guère que le quart de celui de Mahury à Kaw. Nous ne craignons pas de dire que l'exécution de ce canal changerait les destinées de la Colonie, et il est digne d'un grand Administrateur d'entreprendre un travail qui ferait tout ensemble sa gloire et le bonheur de la Guyane Française.

Autrefois un canal communiquait du Collège aux montagnes de Kaw; ce canal servait tout-à-la-fois de réservoir pour les eaux du moulin à marée de cette habitation, et de communication avec le quartier de Kaw, en trois heures, on se rendait aisément de Kaw à Approuague.

Aujourd'hui ce canal, par suite de la ruine du Collège, est abandonné et comblé par les herbes et plantes aquatiques de toute espèce, de sorte qu il ne reste même pas aux habitans d'Approuagne, la facilité de communiquer par l'intérieur avec Kaw et Cayenne, dans un cas de nécessité, comme celui de quelque marronnage considérable et combiné, ou de quelque révolte (*b*) qui exigerait qu'on leur envoyât des secours militaires par terre.

(*a*) Un nègre de pelle déplace en fouillant 313 pieds cubes de vases par jour. Il est inutile de dire qu,on emploirait d'autant moins de tems à faire le canal, qu'on y affècterait plus de nègres.

(*b*) En 1790 les nègres du haut de la rivière d'Approuague, se révoltèrent contre leurs maîtres, et assassinèrent sept blancs, MM. St-Marcel, Néron-Morangé, Léauville frère, Morin, Maringue et sans Chagrin, soldats congédiés. Ils s'étaient emparés de l'habitation de M. St-Marcel, où ils s'étaient retranchés. On ne sait

Il serait donc indispensable de rétablir la communication d'Approuague à Cayenue. Nous allons ici proposer les moyens ; il s'en présente trois.

Premier moyen.

La communication de Cayenne à Approuague, dont on se servait encore, il y a quelques années, se faisait en remontant la rivière de Mahury, jusqu'à l'habitation la plus reculée de l'Orapu ; là, on prenait le chemin par terre, pratiqué sur la crête des montagnes qui s'étendent de l'Orapu à Kaw. Ce chemin, qui a environ dix lieues de développement, est percé à travers de vastes forêts anciennes comme le sol qui les porte, et les arbres séculaires dont il est bordé, l'ombragent à toutes les heures du jour, des rayons brûlans du soleil. A-peu-près à un tiers du chemin, on rencontrait un carbet très-solidement construit que le Gouvernement avait fait bâtir pour la commodité des voyageurs ; et quoi qu'on marche toujours sur le plateau, on peut aisément se procurer de l'eau dans les pentes. Les personnes qui pratiquent ce chemin, connaissent les endroits où il y en a vers le milieu du chemin et sur le passage, est une source naturelle qu'on appelle le *Trou-Roche*. C'est un petit bassin d'environ deux pieds de diamètre que la nature a crèusé dans le roc ; il peut désaltérer d'abord et de suite 7 à 8 personnes ; mais à peine est-il épuisé que l'eau se régénère. Dans les plus grandes sécheresse, je ne l'ai jamais trouvé tari : on peut

---

pas jusqu'où aurait été cette rébellion, sans quelques esclaves fidèles qui avertirent leurs maîtres assez à tems, pour pouvoir se réunir et attaquer les révoltés dans leurs retranchemens, d'où ils les débusquèrent. Les plus coupables furent arrêtés et exécutés à Cayenne. La justice et la reconnaissance nous font un devoir de nommer ici les esclaves qui dévoilèrent cet horrible complot ; Pierre, Thècle, Barthelemy et Henry aujourd'hui dans la compagnie des Gendarmes, reçurent, pour prix de leur fidélité, la liberté aux frais de la Colonie, et une médaille d'argent.

aire ce chemin à mulets ; M. Boutin, ancien conseiller, qui avait son habitation à Kaw, le faisait toujours ainsi.

Quand M. le Comte de Villebois et M. l'Escalier, allèrent visiter le quartier d'Approuague et le moulin que M. Guisan venait d'y construire ; ils firent la route à mulets, ainsi que les personnes qui les accompagnaient. Cette partie de la communication (de l'Orapu à Kaw), est encore pratiquée par les habitans de Kaw, et il y aurait très-peu de chose à faire pour la rétablir parfaitement. Tout le travail consisterait à couper par trançon les gros arbres qui peuvent âtre tombés en travers du chemin, et à les rouler à doite et à gauche ;il n'y aurait que peu ou point d'herbes à tirer; car l'ombrage les empêche de croître, et le sol étant pierreux s'en recouvre difficilement. Ce chemin aboutit par une descente longue et rapide à l'habitation de M. Favard, sur la rive gauche de Kaw ; là on avait établi un passage ; les voyageurs traversait, à la rive droite sur l'habitation, les sables où commençait le chemin qui conduisait aux montagnes et au canal du Collège. Les nègres du Roi avaient là leurs plantages à manioc, et il y avait un établissement où ils fabriquaient leur couac et leurs cassaves. On y entretenait des gardiens, et on trouvait toujours un canot pour descendre le canal qui menait directement au Collège. Le chemin par terre des sables au canal du Collège a tout au plus trois lieues de développement, et quoiqu'en mauvais état aujourd'hui, la réparation en serait encore facile; elle consisterait à le nettoyer et à rétablir les ponts qui servent à passer plusieurs marécages et ruisseaux qu'on rencontre dans ce chemin; les ponts, dont il est ici question, sont tout simplement de grands arbres équarris, réunis ensemble, ajoutés bout à bout, et fixés de manière à n'être pas emportés par les torrens de pluie. Ils forment comme une espèce de plancher sur lequel on traverse les endroits marécageux. Les autres sont des arbres équarris, mis en travers des ruisseaux. Mais ce qui nous paraît impraticable dans l'état actuel, c'est la réparation du canal, qui, comme nous l'avons dit, est entièrement comblé; il y a 3000 toises de long sur 24 ou 30 pieds de largeur; il faudrait le nettoyer, le refouiller, et réparer ses digues qui sont crevées en beaucoup d'endroits, et sur lesquelles a poussé un bois épais. Ce qui serait un travail considérable; mais en admettant même qu'on l'exécutât, il exigerait un entretien continuel, et onéreux pour les habitans, à cause du peu de nègres qu'il y a dans ce quartier. Cette difficulté, qui est assez démontrée, fait regretter cette communication, quoiqu'elle fut autrefois la plus facile et la plus commode.

Deuxième moyen.

Le deuxième moyen de communication, serait de rétablir l'ancien chemin qui commence dans la rivière de *Conana*, à l'endroit où le Roi avait autrefois un chantier; ce chemin aboutit par la montagne Alexis, à mon établissement à vivres, sur le bord d'Ynéry, qui se jette dans Approuague. On établirait un passage à chaque extrémité de chemin; mais outre que cette communication est abandonnée depuis 30 ou 40 ans (ce qui suppose beaucoup de travail pour le rétablir), c'est qu'encore elle ne servirait que pour Approuague, exclusivement, et le quartier de Kaw n'y participerait en aucune manière.

Troisième moyen.

Le troisième moyen de communication qui servirait également aux quartiers de Kaw et d'Approuague, serait d'employer le chemin de l'Orapu à Kaw, dont nous avons parlé, en traitant du premier moyen de communication. De chez M. Favard de Kaw, où aboutit ce chemin, on remontrerait la rivière jusqu'à l'endroit appellé le *Chantier*, sur la rive droite, et d'où partait autrefois un chemin qui conduisait à mon établissement d'Ynéry. Le travail le plus considérable, serait de rouvrir ce chemin abandonné; mais au moins il serait de facile entretien.

Nous nous proposons de donner une carte pour l'intelligence de notre mémoire; nous y exprimerons les trois moyens de communication.

COMMUNICATION D'APPROUAGUE A OYAPOCK.

Si l'on voulait continuer la communication d'Approuague, à Oyapock, par l'intérieur, le moyen serait de rétablir le chemin par terre que M. Domenger, ancien Administrateur du Ouanary, avait fait ouvrir pour se rendre à son habitation de Courouaye (aujourd'hui à M. Mazin.) Ce chemin, qui a environ six lieues de développement, commence à l'établissement à vivres de M. Senelle, dans la crique *Ratamina*, qui se jette dans Courouaye, et aboutit sur le bord de la rivière *Ouanary*, au dégras Toucouchi, distant du Ouanary, d'environ 3 ou 4 lieues. Ce chemin qui est assez fatiguant, à cause des montagnes qu'il faut continuellement monter et descendre, n'a jamais été qu'ébauché; il faudrait le rouvrir et faciliter par des ponts de bois, comme ceux dont nous avons parlé plus haut, le passage de marécages qui se trouvent entre les montagnes. Il faudrait aussi établir un passage à chaque extrémité du chemin. Du Ouanary, il est facile de se rendre dans la rivière d'Oyapock et ses branches.

En perdant la rive droite d'Oyapock, nous avons perdu les belles plaines d'Ouassa que la nature semble avoir destinées à être peuplées de troupeaux; c'est là, comme nous l'avons déjà dit, que Pomme, député à la convention, s'était établi, et avait une ménagerie. Aujourd'hui on cultive, particulièrement à Approuague, les cannes à sucre, le cacao et le café. Dans le commencement des établissemens en terres basses, on y avait introduit la culture de l'indigo; les essais qu'on en fit, en petit, furent si heureux, et présentaient de si riches résultats, que tous les habitans, séduits par cette trompeuse amorce, se persuadèrent, qu'en peu de tems, ils allaient faire des fortunes immenses.

On ne revêt qu'or et qu'argent; quelques-uns perdirent presque la tête, et n'étaient occupés qu'à chercher l'emploi des richesses prodigieuses dont l'*Indigo* allait les rendre possesseurs. Rien ne donne mieux l'idée du ridicule enthousiasme des feseurs d'indigo d'Approuague, que les couplets faits, dans ce tems-là, par un employé de l'administration, contre plusieurs habitans dont il avait à se plaindre. Cette pièce lyrique avait le mérite de peindre parfaitement bien les personnages, dont chacun avait son couplet. (*a*) On cultiva donc l'indigo, et on fit beaucoup de dépenses pour l'installation des usines propres à cette

---

(*a*) Nous citerons seulement le deuxième couplet de cette pièce, intitulée: *Mes adieux à Approuague.*

Et toi, riche Approuague,
Où s'unit chaque vœu;
Où l'esprit extravague,
Où tout se peint en bleu. (L'Indigo.)
Fleuve qui, dans tes eaux,
Roule l'or du Pactole,
Je te dois ces adieux nouveaux!
Mais, tiens de moi que ton or faux,
Ne vaut pas une obole.

culture; mais la réalité désespérante vint bientôt dissiper tous ces rêves brillans. Outre les pluies, qui étaient un inconvénient insurmontable à la culture de l'indigo, les chenilles étaient les ennemies les plus terribles de cette plante. Dans une nuit elles dévoraient un champ d'indigo. Ainsi, avec l'expérience s'évanouirent toutes les illusions de la fortune, et les yeux furent dessilés! L'indigo qu'on a fait à Approuague, était de la plus grande beauté, et on doit regretter que les efforts qu'on a fait pour le cultiver, n'aient pas été couronnés du succès. On assure que le marc d'indigo qu'on jettait dans la rivière, en avait éloigné le poisson, qui, dans ce tems, était encore plus abondant qu'à présent.

La rivière de Kaw est aujourd'hui extrêmement étroite; les premiers établissemens sont à 7 ou 8 lieues de l'embouchure: tout le haut de la rivière est un pays montagneux; mais les montagnes et les terres fermes ne forment pas précisément les bords de la rivière; elles en sont plus ou moins distantes. Leur plus grand éloignement des rives n'est guère que de 150 à 200 toises, et dans certains endroits il est beaucoup moindre. L'espace compris entre les terres fermes et la rivière, est occupé par des marécages ou pinautières; de sorte que sur chaque habitation il y a un canal pour communiquer de l'établissement à la rivière. Ces montagnes sont très-propres à la culture du café et du giroflier; on y cultive l'un et l'autre, mais surtout le rocou, dont quelques habitations font une assez grande quantité.

On ne peut guère cultiver les marécages de Kaw, parce qu'en hiver la rivière ne dégorge pas, et qu'il y a trop peu de différence de la mer haute à la mer basse, dans cette saison; d'où il résulte que les travaux en terres basses seraient inondés pendant tout ce tems.

LA GABRIELLE.

Entre Mahury et Kaw, et sur la chaîne des montagnes qui se prolonge de l'une et l'autre rivière, est l'habitation royale *la Gabrielle*, dont les plantations de girofliers auraient pu être plus considérables, si ceux qui ont été à la tête de cet établissement, s'étaient moins occupés de leurs intérêts personnels. Mais tel qu'il est, c'est encore un des plus beaux établissemens de culture que l'on peut voir, et le seul dans son genre. L'Inde même n'offre pas de plantations régulières d'épiceries de cette étendue. Un canal communique de la Gabrielle à la crique *Tourémé*, qui se dégorge dans Mahury. Ce canal est très-imparfait, et n'est navigable que dans la saison des pluies. La vue de l'habitation la Gabrielle, en venant par le canal, est très-agréable; on dirait un petit château sur le sommet d'une haute montagne, où l'on arrive par une double allée d'arbres fruitiers; et réciproquement rien n'est si pitoresque comme (de l'établissement), l'aspect de la mer, des montagnes, des habitations de la côte, et de ces vastes savannes parsemées d'ilets de baches (sorte de palmistes), qui s'étendent aussi loin que la vue. M. Chapelle à donné une carte détaillée de ces savannes.

L'habitation la Gabrielle, qui a originairement appartenu à M. Dupas de la Mancelière, tire son nom de celui du nègre Gabriel qui avait été long-tems marron au *Fromager*, où il avait son établissement. M. Dupas de la Mancelière, informé de la retraite de ce nègre et de sa bande, alla s'emparer de l'établissement à la tête d'un détachement. Le nègre Gabriel lui échappa, et se sauva par les *Savannes tremblantes*, où il fut englouti. Mais M. Dupas fut tellement frappé de la beauté du site et de la bonté du terrein, qu'il transporta son habitation au

Fromager, et lui donna le nom de la *Gabrielle*. Cet établissement a été depuis transféré à l'endroit où il est actuellement, sans changer de nom.

SAVANNES TREMBLANTES.

Malheur à celui qui voudrait s'avancer seul dans ces savannes verdoyantes ! il s'engloutirait inévitablement; c sont de vastes lacs recouverts d'une croute végétale (si l'on peut s'exprimer ainsi), formée de mottes et de touffes d'herbes entrelacées, de sorte que si l'on mettait le pied à côté de ces touffes, on s'enfoncerait sous l'eau, sans espoir d'en sortir; en marchant sur ce terrein flottant on le sent et on le voit remuer autour de soi; ce qui a fait donner à ces savannes le nom de *Savannes tremblantes.* Le fond de ces lacs, que nous avons eu occasion de sonder, est de Kaolin. On a planté à la Gabrielle, quelques muscadiers et du poivre en petite quantité. On assure que le séjour de la Gabrielle est mal sain; ce qui provient, sans doute, du gaz hydrogène sulfureux qui se dégage des eaux stagnantes des savannes qui n'assèchent jamais. La Gabrielle communique, par terre, avec les habitations du haut de la rivière d'Oyac (Mahury), et celle de l'Orapu. Avant l'ouverture du canal, on transportait, a têtes d'hommes, toutes les denrées de cette habitation à un embarcadaire sur le bord de la rivière d'Oyac, à 4 lieues de distance de l'établissement et à travers les montagnes ; c'est encore la communication usitée dans la saison sèche, pendant laquelle il n'y a point d'eau dans le canal.

On se sert, dans le pays, pour meubles, d'un bois nommé *Acajou*; celui de la Gabrielle est bien supérieur à tous ceux des autres quartiers; ce n'est point l'acajou de St-Domingue ou Mahogani.

MAHURY, OYAC, ORAPU, LA COMTÉ.

La rivière de Mahury change plusieurs fois de nom dans son cours; depuis son embouchure jusqu'au *Tour-de-l'île*, elle s'appelle Mahuri, delà jusqu'au confluent des rivières de l'Orapu et de la Comté, elle se nomme *Oyac* ; l'Orapu est la continuation (voyez la carte).

Autrefois il y avait dans ce quartier une paroisse que l'on appelait Roura, et qui était située sur la rive droite d'Oyac: elle a été ruinée comme toutes les autres paroisses des campagnes ! Depuis l'Orapu et la Comté, jusqu'à l'embouchure de Mahury, il y a un certain nombre d'habitations. Ce quartier a été jadis le plus peuplé; les habitations du haut des rivières, sont particulièrement plantées en rocou et girofliers qui ont parfaitement réussis, et qui donnent, depuis quelques années, d'abondantes récoltes. Dans le haut de la Comté, le Roi a un chantier qu'on nomme *Nancibo,* du nom d'une petite rivière où le chantier était autrefois établi, et dont l'embouchure est non loin du chantier actuel. L'origine de ce chantier est celui de MM. Bonnevi et Geneste, dont la propriété avait été séquestrée dans les troubles de la révolution, et que le Gouvernement avait augmenté d'un grand nombre d'autres ouvriers, en le transportant sur l'autre rive. Le chantier de Nancibo a été aussi, du tems de la liberté des noirs, un lieu de correction pour les nègres ; c'est particulièrement des rivières de la Comté et de l'Orapu, qu'on tire tous les bois de construction qui servent à bâtir à la ville ; mais les bons bois près des rivières sont aujourd'hui fort rares ; il faut les aller chercher dans l'intérieur; c'est ce qui en rend l'exploitation difficile; car pour les conduire au bord de l'eau, on est obligé de les haler à la main et à la corde, par des chemins fort longs, montagneux, et qui ne sont qu'ébauchés, parce qu'on ne veut point perdre du tems à perfectionner un chemin qui ne doit servir qu'à tirer quelques pièces de bois.

DIFFICULTÉS DE L'EXPLOITATION DES BOIS A LA GUYANE.

Pour comprendre ceci, il faut savoir que nos forêts ne sont pas comme celles d'Europe, peuplées d'une même espèce d'arbres, comme on voit des forêts entières de chênes ou de pins, etc.; ici un arbre propre à la construction est au milieu de cent autres, d'un bois mou qui ne sont bons à rien; quand vous avez trouvé et abattu cet arbre, il faut aller quelquefois à 2 ou 300 toises, avant d'en trouver un second qui vous convienne. La difficulté augmente encore, si vous avez besoin de bois tout d'une même espèce, comme *Ouacapou*, par exemple; car après avoir trouvé un Ouacapou, vous verrez bien, dans les environs, un *Balata*, un *Coupi*, un *Mahot*, ou toute autre espèce de bois propre aux constructions, à la vérité; mais c'est du *Ouacapou* qu'il vous faut; et c'est en cherchant quelquefois long-tems et au loin que vous finissez par trouver les arbres dont vous avez besoin; et si c'est un très gros arbre que vous voulez, comme un arbre, une table de moulin, etc., après avoir long-tems cherché vous en trouverez dix dont la qualité et le diamètre remplirait votre objet; mais abattez-les, ils sont creux, ou ont le cœur vicié; et certes c'est un très-grand travail que d'abattre un arbre de cette grosseur, surtout s'il est d'une espèce très-dure comme l'*ébène*. Il faut quelquefois plusieurs jours à plusieurs nègres pour l'abattre; il n'est pas rare qu'on brise une demi douzaine de hâches avant d'y parvenir.

Il est pourtant un moyen de s'assurer si un tel arbre

est creux ou vicié intérieurement, sans pour cela l'abattre; il suffit de percer l'arbre de bout, avec une longue et forte tarrière; s'il est creux, on s'en aperçoit bientôt parce que la tarrière pénètre tout d'un coup et sans résistance dans la cavité; dans le cas contraire, on retire avec précaution la tarrière qu'on a conduite, à-peu-près jusqu'au centre de l'arbre, et on examine attentivement le bois qu'elle rapporte; si le bois rapporté est vicié, le cœur de l'arbre est indubitablement gâté; s'il est sain, on peut hardiment abattre : cela s'appelle *sonder un bois de bout*. On pourrait aussi faciliter le halage des bois, par le moyen de *Cabestans locomobiles*; et quoiqu'on ait la manie de croire que l'on travaille toujours mieux que les anciens, nos pères, cependant, n'employaient pas d'autres moyens, surtout pour les grosses pièces. MM. Gourgues, autrefois, qui ont fait tant de bois dans la Comté, se servaient de cabestans pour les haler au bord de l'eau. On voit par les détails dans lesquels nous venous d'entrer, combien l'exploitation des bois offre ici de difficultés. Cependant en France et partout ailleurs, on est persuadé que les bois de construction sont très-aisés à se procurer à Cayenne. On répète toujours que la Guyane est un pays extrêmement boisé, et qu'on pourrait en tirer pour nos arsenaux, une grande quantité de bois; le pays est extrêmement boisé, à la vérité, mais outre qu'une très-grande partie des arbres de nos forêts, ne sont propres à aucune construction, nous croyons avoir suffisamment démontré toutes les difficultés, tous les obstacles dont l'exploitation des bons bois est hérissée, du moins, quant à présent; car si le pays se peuplait davantage; si par l'introduction d'un nombre considérable de nègres, ou de bras propres au défrichement des établissemens se formaient vers l'intérieur, et des canaux s'ouvraient au pied de la chaîne des montagnes de Kaw, on pourrait en tirer avec facilité une quantité prodigieuse de bois dont l'exploitation est impossible dans l'état actuel des choses. Jusqu'à présent, on n'a point encore réussi à établir des moulins à scier, sur le bord des rivières. M. Brodel, au saut de la Comté, et M. Lavilette à Mataroni, ont, à des époques différentes, échoué dans les entreprises qu'ils ont faites dans ce genre. Les crues d'eau prodigieuses qui, dans l'hiver, submergent le terrein de plusieurs pieds, ont été les plus grands obstacles qu'ils ont rencontrés dans leurs travaux. Cependant nous pensons qu'on pourrait établir des moulins au bord des rivières, en choisissant bien les emplacemens, et en ayant égard, dans le calcul de ces machines, aux différences des hauteurs des eaux, dans les différentes saisons. Il y aurait beaucoup d'expériences à faire sur la pésanteur spécifique de nos bois et sur la résistance dont ils sont capables (*a*).

Nous terminerons cet article par observer qu'à l'inverse des bois d'Europe, ceux de la Guyane ont presque tous le cœur vicié, et que le bon bois est le plus voisin de l'Aubier, de sorte que lorsqu'on scie des planches, on est souvent obligé d'abandonner le bois du cœur.

ARCABA.

Ce que c'est qu'un Arcaba.

Un phénomène qui distingue les bois de la Guyane de ceux d'Europe, est ce qu'on appelle ici l'Arcaba. Les

(*a*) Quand nous écrivions ceci, nous étions loin de penser que le Roi allait envoyer peu de tems après, un Ingénieur de la marine. M. Dumonteil arrive avec M. De Laussat, pour s'occuper de l'examen des bois, et des expériences dont nous parlons. C'est ainsi que nous avons eu la satisfaction, depuis que ce mémoire est fait, de voir plusieurs de nos idées réalisées et de nos indications suivies.

Arcabas sont des appendices, des expansions des racines, plus ou moins larges, plus ou moins épaisses, qui partent du pied de l'arbre, et vont se perdre, en diminant, dans le fût, à une hauteur de 10 à 12 pieds au-dessus du terrein, et même davantage; il y a de ces Arcabas qui sont énormes et qui ont plus de 12 pieds à leur base, tel arbre en a 8 ou 10 autour de son tronc, qui forment, entre leurs plans, des cavités ou enfoncemens à contenir plusieurs personnes. Un Arcaba, exactement détaché du tronc, a la forme trangulaire ou à-peu-près. L'Arcaba est le meilleur du bois; il est toujours mêlé et ses fibres sont toujours divergentes vers la base, et convergentes vers le sommet, mais non régulière. Cette disposition des fibres de l'Arcaba, est un effet de sa configuration triangulaire Un Arcaba d'Acajou est toujours d'un plus beau bois que les planches qui proviennent de l'arbre. J'en ai vu un avec lequel on avait fait une table ovale, dont le grand axe avait 10 pieds. Moi-même j'en possède une de forme rectangulaire, dont le grand côté a 7 pieds. On dit qu'un arbre est très-arcabate, quand ses Arcabas se prolongent à une très-grande hauteur dans le fût, et sont susceptibles presque jusqu'au sommet.

On appelle aussi, dans ce pays, Arcaba, le derrière d'une pirogue, d'un canot, parce que les Indiens et les nègres ont coutume de former le derrière de leurs canots, d'une seule pièce avec l'Arcaba de quelque arbre. Il est à remarquer que les arbres exotiques, naturalisés à Cayenne, ne se sont point arcabatés en se reproduisant.

LIANES.

On ne voit pas non plus en Europe cette quantite prodigieuse de lianes de toute espèce, de toute grosseur, qui s'attachent aux arbres de nos forêts; il y en a de très-curieuses : les unes ressemblent à de gros cables ou à des chaînes pendantes du sommet des arbres; d'autres ont saisi de gros troncs qu'elles étreignent fortement de leurs nombreuses spirales; quelquefois elles deviennent si grosses qu'elles étouffent l'arbre qu'elles enveloppaient. L'arbre mort se pourrit au bout d'un certain tems, et il ne reste plus que la liane qui ressemble à une énorme colonne torse ; il y en a depuis la grosseur d'une ficelle jusqu'à celle du corps d'un homme. Par leurs enlacemens, par leurs replis, par les formes variées qu'elles affectent, elles présentent les accidens les plus singuliers, les rapports les plus bizarres. Toutes donnent des fleurs plus ou moins extraordinaires, plus ou moins odorantes ; les unes versent dans l'atmosphère les parfuns les plus suaves, l'arome le plus délicieux ; d'autres répandent des émanations fétides, et dénoncent leur présence par une odeur d'ail, de musc, de rhubarbe, de punaises, etc. ; beaucoup sont très-utiles dans la médecine et dans les arts.

COMMUNICATION

de Mahury avec la rivière de Cayenne, par le Tour-de-l'Ile.

La rivière de Mahury communique avec celle de Cayenne, par la rivière du Tour-de-l'Ile. Celle de Cayenne se ramifie aussi en plusieurs branches, qui portent différens noms : les *Cascades*, *Tonnégrande*, le *Galion*, le *Cavalet*, *Mapéribo*, sont des branches de la rivière de Cayenne.

Il y a peu d'établissemens importans sur ces rivières ; les plus considérables sont sur la rivière de Cayenne proprement dite. On distingue parmi ces établissemens, celui de M. Malvin, où il y a un moulin à marée, mais qui n'a pas toute la perfection dont il serait susceptible.

ÎLE DE CAYENNE.

L'île de Cayenne est formée au nord, par la mer, à l'Ouest, par la rivière de Cayenne, à l'Est par celle de Mahury, au Sud et Sud-est par la rivière du Tour de l'île, ainsi nommée, parce que c'est elle qui forme l'île par sa communication avec la rivière de Cayenne et celle de Mahury. La plus grande largeur de l'île de l'Est à l'Ouest, est de 4 lieues; elle a environ 18 lieues de tour; elle ressemble, par sa forme, à l'île de Camargue sur le Rhône; du côté de la mer, elle est bordée de montagnes et de roches, qui en rendent l'accès plus ou moins difficile. La plus considérable de ces montagnes est celle de Mahury, dont la table se découvre à une grande distance en mer. Vers le milieu de l'île est la montagne *Paramana*; d'autres montagnes, comme celles de Matoury, Cabassou, Mont sec, etc., s'élèvent dans l'intérieur dont le terrein est composé de terres plates, de marécages et de savannes noyées. Les premières sont très-inférieures, et la plus grande partie des autres n'est pas même cultivable. Les bords de l'île, excepté du côté du nord, sont couverts de palétuviers, où on a fait quelques établissemens de culture. L'île de Cayenne elle-même est divisée en deux parties par un canal creusé de mains d'hommes, qui fait communiquer la rivière de Cayenne avec celle de Mahury, en réunissant la petite rivière *Cabassou*, à une petite crique sur la rade; c'est un canal qu'on appelle communément *Crique fouillée*. Il y a une vaingtaine d'années qu'on en a changé la direction; je ne sais pas positivement à quelle époque il a été creusé; mais il y avait déjà long-tems qu'il existait quand M. Malouet arriva dans la Colonie; il disait de ce canal, que c'était la seule trace d'industrie qu'il avait rencontré à Cayenne.

VILLE DE CAYENNE.

On distingue l'ancienne et la nouvelle ville; le fort de Cayenne, dont les ouvrages sont ruinés, est placé à l'extrémité nord-ouest de l'île, sur un monticule dont la hauteur, que j'ai mesurée, est de 84 pieds au-dessus de la mer basse des marées moyennes. Le port de Cayenne était autrefois beaucoup plus profond qu'à présent; l'*Éléphant*, navire de Bordeaux, de 1200 tonneaux, y est entré le 19 février 1765. Outre le comblement journalier de la rade par les vases qui en a diminué la profondeur, peut-être le mouvement d'un grand nombre de bâtimens qui, à cette époque abordaient à Cayenne, entretenait-il le chenal? En 1764, il est entré à Cayenne, ou en est sorti 160 bâtimens.

L'ancienne ville était entourée de remparts; M. Malouet, qui s'étonnait qu'on eut renfermé la ville dans un espace si resserré quand on était maître d'un vaste terrein, avait conçu le projet de démolir les remparts du côté de terre; cette démolition a, long-tems après, été entreprise par M. Hugues; et les Portugais, pendant l'occupation, l'ont executée. La nouvelle ville est séparée de l'ancienne par une belle esplanade qui sert tout-à-la fois de promenade et de champ de mars, pour l'exercice des troupes; elle est tracée sur un plan très-régulier; mais la plupart des propriétaires qui y ont fait bâtir, se sont dispensés de suivre les alignemens, et ceux qui bâtissent encore ne sont pas exempts de ce reproche. Nous pensons qu'il est extrêmement essentiel d'obliger les propriétaires à se conformer aux alignemens; et comme les points qui déterminent ces alignemens ne sont pas fixes, puisque ce sont des poteaux ou des maçonnes de maison que les propriétaires peuvent changer ou faire reconstruire à volonté, nous proposons ici, un moyen invariable de retrouver toujours les alignemens; ce moyen consiste à faire placer aux extrémités des principales rues, des vieux canons fichés en terre perpendiculairement, et de tracer sur chaque culasse deux traits d'équerre dans la direction des alignemens; l'intersection de ces deux traits perpendiculaires serait l'angle de la rue.

Peu de situations sont plus heureuses que celle de la ville de Cayenne; elle est bâtie sur un vaste terrein nivellé par la nature, et s'étendant le long de la mer. On peut y avoir, sans peine, de beaux jardins, et creuser, à volonté, des puits pour tous les usages ordinaires, et dont quelques-uns même donnent une eau très-potable. Si la ville et la Colonie devenaient plus importantes, on pourrait, par une machine à vapeurs, ou tout autre moyen, conduire à la ville les eaux de la montagne Baduel, qui seraient bien meilleures.

Le jardin royal de Baduel, est placé au pied de la montagne de ce nom, distante seulement d'une lieue de Cayenne. C'est là qu'en 1793, on a transféré le jardin botanique de Cayenne qui, auparavant, occupait un des ilets de la nouvelle ville. L'abondance des eaux qui, en toutes saisons, coulent de la montagne dans les fossés dont le jardin est entouré, facilitant les irrigations, et le préservant des fourmis dont la ville et infestée, a sans doute déterminé le choix de ce local; car la terre en est mauvaise, et les plants de girofliers, etc., qu'on y élève, ne réussissent que sur des couches ou carreaux de terre rapportée de la montagne. Il faut convenir, cependant, que ce site serait très-propre à un jardin des plantes, si le sol en était meilleur.

Ce jardin ne mérite pas le nom de *Jardins des plantes*;

quelques végétaux étrangers plantés sans ordre ça et là, et quelques pépinières de girofliers, poivriers, canneliers, sont tout ce qui compose ce jardin; on ne s'est jamais attaché à le cultiver. Il faudrait là un Directeur spécial, qui réunirait le goût, l'activité et les connaissances nécessaires à un établissement de cette nature, qui manque absolument à Cayenne. Et quel pays offre plus de ressources et d'avantages pour un jardin botanique?

Combien de plantes européennes, surtout les *Hortalices*, pourraient être naturalisées dans nos climats ! (*a*) et combien de végétaux indigènes dont les botanistes expérimentés et éclairés pourraient nous faire connaître les propriétés médicinales ou alimentaires ? Déjà nous possédons un grand nombre de plantes et arbres exotiques dont nous avons parlé; une de celles dont l'introduction est le plus désirable, est le riz sec de la Chine, que M. Poivre avait introduit à l'île de France. Si on le possédait ici, on y récolterait cette céréale en toutes saisons. Tout le monde sait combien, en hiver, on fait de belles récoltes de riz humide, dans nos marécages. Dans l'été, on receuillerait le riz sec sur les montagnes ou dans les terreins secs.

A un quart de lieue de la ville, était autrefois l'habitation du Roi; il y avait une très-belle maison à étage, un vaste jardin et un beau verger. On y entretenait une certaine quantité de nègres qui y cultivaient des vivres pour le besoin du service. On y avait construit un moulin dont

---

(*a*) Nous avons hasardé ce mot qui est portugais (hortaliças), parce qu'il exprime parfaitement notre idée. Il signifie toutes les plantes que l'on peut cultiver dans les jardins.

le même moteur faisait marcher des rappes à manioc, et des pilons à Aouaras, dont on exprimait l'huile (*a*).

Nous ne nous étendrons pas davantage sur la ville et ses environs qu'on pourrait embellir à peu de frais; les rues de la nouvelle ville pourraient être tenues plus proprement, et les maisons bâties avec plus de goût. Il serait de toute nécessité de rétablir le canal qui traverse la nouvelle ville; il avait été creusé pour dessécher la partie basse, laquelle est toujours inondée durant l'hiver, depuis qu'il est abandonné. Ce petit canal communique d'un côté à la savanne Poncet, et de l'autre à la mer.

Il manque au port un quai commode pour le chargement et le déchargement des marchandises. Il serait à desirer qu'on trouvât un moyen de remédier aux encombremens de sable que les marées rapportent à l'embouchure du canal Sartines. Le cimetière actuel, outre qu'il est dans un état d'abandon révoltant, est encore très-mal situé. Nous avions proposé (pendant l'occupation) de le placer vers le *Camp-Méray*, au bord de la mer (*b*). On doit espérer qu'on construira un abbattoir du côté de la mer. La boucherie actuelle est mal placée, et les environs doivent se ressentir des ordures fétides, et des émanations délétères qui s'en exhalent.

Il y aurait sans doute beaucoup d'autres améliorations à faire; nous nous contentons d'indiquer les principales.

(*a*) L'Aouara est un palmiste très-répandu dans la Guyane. De son péricarpe, on extrait une huile propre à brûler, et que les nègres et même quelques créoles emploient dans certains assaisonnemens; l'amande du noyeau fournit une huile concrête, dont on se sert avec succès dans les douleurs arthritiques.

(*b*) Ce projet a été adopté dernièrement par M. le Comte Carra St-Cyr.

INSTRUCTION PUBLIQUE.

Autrefois il y avait, à Cayenne, un collège qui était desservi par des missionnaires du Saint-Esprit. Il a été fondé des deniers que Madame Payé avait laissés pour cet objet. Madame Payé était une négresse libre qui s'était mariée à un blanc nommé Payé. Elle survécut à son mari, et laissa son bien pour la fondation d'un collège, où on instruisait les enfans blancs et de couleur libres. Les biens du collège s'accrurent encore, à-peu-près dans le même tems, des fonds que M. de la Mothe-Aigron laissa à cet établissement.

LE COLLÈGE.

On y entretenait un professeur de mathématiques. Les bâtimens appartenant au Collège, tombent en ruines. Les Portugais ont donné des concessions sur le terrein qui en dépend. On doit regretter que cet établissement n'existe plus. Il n'y a plus à Cayenne de moyens de donner aux enfans l'instruction première. Certes, l'éducation est chose qui doit particulièrement appeler l'attention du Gouvernement. En vain on objecterait que les enfans créoles allant, pour la plupart, en France, recevoir leur éducation, cet objet n'est pas un des premiers dont on doive s'occuper. Nous pensons bien différemment. Premièrement, ce ne sont pas tous les parens qui ont les moyens d'envoyer leurs enfans en France; ensuite, il faut de toute nécessité leur enseigner les premiers élémens, et ils étaient assurés de les trouver au collège. Le pays, tout petit qu'il est, n'a-t-il pas fourni des hommes instruits et éclairés qui n'ont jamais été en France, au moins dans leur jeunesse, et qui ont puisé leur éducation dans le collège qui existait alors? On pourrait en citer plusieurs, même dans les fonctions publiques. Lisez le baron de Humboldt, et vous verrez qu'au Méxique, les hommes les plus distingués par leur mérite et leurs lumières, sont des créoles qui ne sont point descendu de leur plateau. Eh ! pourquoi si l'on rétablissait ici l'instruction publique ; si l'on donnait, à cette branche de l'administration, tous les soins, toute l'attention qu'elle demande, pourquoi, disons-nous, ne pourrions-nous pas espérer de voir sortir de nos écoles des hommes dont les connaissances feraient honneur à leur patrie, et que la médiocrité de leurs fortunes auraient pourtant condamnés à l'ignorance et à l'obscurité, s'il leur avait fallu, à grands frais, aller chercher l'instruction en Europe ?

MAISON DE SANTÉ.

M. de Fiedmond, ancien Gouverneur de la colonie, avant son départ pour France, avait fondé un établissement pour les blancs nécessiteux, sous le nom de *Maison de santé* ; il était régi par une administration dont le préfet aposthòlique et le médecin du Roi en chef, étaient membres. La maison dite maison de santé, sise Grande-Rue ; et le terrein sur lequel est aujourd'hui établi M. Démoland, fesaient partie des propriétés de cet établissement.

RIVIÈRE DE MONT-SINÉRY.

La rivière de Mont-Sinéry, qui a son embouchure vers la rade, semblerait annoncer, par sa largeur à son confluent avec celle de Cayenne, une grande et belle rivière; mais elle se retrécit bientôt, et cesse d'être navigable à la distance de 6 à 7 lieues, à l'endroit où on voyait autrefois une très-belle sucrerie avec un moulin à eau, appartenant à M. de Béhague, et qui a été démembrée dans ces derniers tems. Les terres de cette habitation sont très-inférieures, comme presque toutes celles du haut de ces rivières, et les meilleures sont actuellement usées. Beaucoup de criques, sur cette rivière, conduisent à des établissemens, dont, la plupart, sont peu considérables, et appartiennent à des gens de couleur libres, et qui n'y ont que quelques noirs, et qui cultivent des vivres. Vers son embouchure, il y a quelques jolies habitations en coton.

NÈGRES MARRONS.

C'est par le haut des rivières de Mont-Sinéry, de Tonnégrande et des Cascades, que les nègres marrons des grands bois, avaient établis leur communication avec nos établissemens, sous l'administration de M. Hugues. Nous entrerons ici dans quelques détails à cet égard.

Depuis long-tems les nègres marrons des grands bois, ne fesaient plus d'incursions sur les babitations, et étaient pour ainsi dire oubliés. Tranquilles au sein des forêts, leur population augmentait tous les jours, et s'accroissait encore des nègres d'habitations qui, rentrés dans l'esclavage après 10 ans de liberté, supportaient difficilement le joug dont ils s'étaient crus affranchis. Bientôt ils eurent besoin de munitions de guerre, de fer et des femmes; ils se répandirent alors sur les habitations; entraînèrent avec eux des esclaves des deux sexes; maltraitèrent et pillèrent quelques propriétaires. Il fallut envoyer contre eux des détachemens. Les anciens habitans et les hommes de couleur, habitués à leur faire autrefois la guerre, n'existaient plus ou étaient hors d'état de marcher. Aussi les premiers détachemens ne réusssirent-ils pas. On conçut le projet de les combattre avec des chiens, comme on avait fait autrefois à la Jamaïque, pour détruire les nègres de la montagne bleue. On rassembla donc de tous côtés, tous les chiens qu'on pût trouver, sans distinction de taille ni de race. Il en résulta que ces animaux qui n'avaient point été dressés pour ce genre de guerre, devînrent plus embarassans qu'utiles, et méconnaissant la main qui les conduisait, ils nuisirent même à la réussite par le bruit qu'ils occasionnaient, et par leurs aboiemens qui avertissaient de loin les nègres de l'arrivée des détachemens. Tout était si mal calculé, qu'au lieu de prendre, pour guides, des nègres chasseurs ou des Indiens qui eussent habité le haut de la rivière de la Comté (et il y en avait encore à Sinnamary), on envoya à Oyapock chercher des Indiens Rocouyennes, de l'intérieur, à qui ces bois devaient être encore plus étrangers, puisqu'ils ne les avaient jamais parcourus. Tout cela jeta beaucoup de ridicule sur cette expédition; les chiens furent licenciés, et nos détachemens continuèrent la recherche des nègres marrons, sous la conduite de guides ignorans, ou le plus souvent infidèles; et quand on avait battu long-tems les bois, on rentrait sans avoir rien découvert, ou seulement après avoir rencontré quelque établissement abandonné des nègres. Jusque-là ces expéditions s'étaient faites sans plan et sans méthode. Un de nos officiers, qui avait déjà acquis la connaissance des bois, conçut l'heureuse idée de n'y chercher les nègres marrons que dans le voisinage des rivières ou des criques dont ils ne peuvent effectivement s'éloigner, à cause de l'eau qu'il leur est impossible de trouver ailleurs dans les tems secs, et du poisson indispensable à leur nourriture. L'expérience justifia cette présomption, et l'on découvrit, par ce moyen, plusieurs établissemens, dont on surprit les nègres et qu'on détruisit. Un peu plus d'expérience apprit encore que les marrons formaient toujonrs un arrière établissement dans le voisinage du premier, pour s'y retirer au besoin, et qui éiait comme leur dernier retranchement. On parvint, par cette tactique, à découvrir tous leurs établissemens, et à les détruire; et le résultat de cette guerre, fut qu'on tua quelques marrons, qu'un grand nombre fut pris, et qu'un plus grand nombre encore se rendit à discrétion. Du côté de nos détachemens, on ne laissa pas de perdre du monde, à cause de la facilité et de l'habitute qu'avaient les nègres marrons de s'embusquer derrière des bois ou des broussailles, d'où ils tiraient à coup sûr, sur nos gens. Il n'en resta bientôt plus dans nos bois, qu'un petit nombre, que la mésintelligence divisa en 2 ou 3 petites bandes errantes, dont on vint aisément à bout. Une seule petite bande restait encore, à la tête de laquelle était un brigand audacieux qui avait bravé nos détachemens, et échappé à toutes leurs poursuites et même aux blessures qu'il avait quelquefois reçues de nos armes; aussi confiant dans sa fortune, il inquiétait sans cesse les établissemens du Mont-Sinéry; il avait la hardiesse de se présenter en plein jour dans les petites habitations où il pillait et maltraitait les nègres; il insultait les propriétaires et en avait menacé plusieurs de boire dans leur crane. Ce scélérat, qui se nommait Cupidon, avait tuè plusieurs nègres sur les habitations; il avait quelquefois l'effronterie de se cacher dans les environs des établissemens d'où il se faisait entendre, et provoquait les proproiétaires; on courait à lui, on arrivait, il était déjà loin. L'adresse avec laquelle il échappait à ceux qui le poursuivaient, le faisaient regarder, par les nègres, comme une tête extraordinaire, qui possédait des moyens surnaturels pour se rendre invulnérable et imprénable.

Enfin le Gouvernement portugais mit sa tête à prix, en promettant 2400 francs à tout homme libre, et la liberté à tout esclave qui l'arrêterait mort ou vif. Il fut pris par l'adresse d'un homme libre qui l'attira chez lui, mais ayant voulu s'échapper, il fut tué et sa tête apportée à la ville.

Depuis ce tems, il n'est plus question de marrons de grands bois; il y a bien toujours quelques marronneurs; mais ils ne forment point de bandes, et ne se tiennent pas très-éloignés des établissemens. Quand on en a connaissance, en envoie contre eux de petits détachemens qui les arrêtent.

MACOURIA.

Le quartier de Mont-Sinéry communique avec celui de Macouria, par les savannes. Le quartier de Macouria est le seul dont les cultures soient uniformes; il s'étend depuis la pointe la Liberté jusqu'à la rive gauche de la rivière de Kourou. C'est dans les alluvions que la mer a rapportées depuis 40 ans, sur cette côte, que les habitans ont formé leurs plantations de cotonniers. On ne rencontre dans toute cette étendue, que deux ou trois habitations en rocou; les autres sont des cotonniers, dont plusieurs sont fort belles et donnent beaucoup de revenus. L'habitation de M. Viguier, tient le premier rang. Beaucoup de ces habitations ont des ménageries, à quelque distance, dans les savannes. C'est aussi le seul quartier dont les habitations communiquent par terre et avec facilité, et où il y ait contiguité. Sous ce rapport, il est le plus agréable de tous; mais on y est incommodé une grande partie de l'année, par des nuées de *Maringouins* et de *Moustiques*,

dissipe pas et que la nuit augmente encore;

le plus cultivé

et que les habitations y soient contigues, il n'y a qu'une très-petite partie de terres basses desséchées ; ce sont sans contredit les meilleures vases de la colonie, pour la culture du cotonnier, surtout celles qui sont au bord de mer. Mais beaucoup d'habitans de ce quartier ont fait des plantations dans les palétuviers (*a*) les plus voisins de la terre ferme. Plusieurs d'entre eux y ont rencontré des difficultés locales pour le desséchement de leurs plantages, et n'ont pas, à proportion, obtenu les mêmes produits que ceux qui ont cultivé les terres plus près de la mer. (*b*) Les eaux pluviales de l'intérieur des savannes de Macouria, ayant leur écoulement naturel vers les palétuviers, incommodent beaucoup les desséchemens qui sont faits dans ces palétuviers, et surtout ceux les plus

(*a*) Palétuviers, mot générique dont on se sert pour exprimer les alluvions danr lesquels ces arbres croissent.

(*b*) Les chenilles désolent, presque tous les ans, les plantations de cotonniers, dont elles dévorent toutes les feuilles et tous les bourgeons. Leblond, qu'on cite souvent, a imprimé qu'un moyen certain de préserver les plantations des chenilles, était de couper les cotonniers à un ou deux pieds de terre ; excellent moyen, sans doute, et qui serait encore plus sûr si on les coupaient plus près du sol ! Nous avons dans le tems proposé deux moyens pour détruire les chenilles, qui, trop souvent, ruinent les plantations de cotoniers ; le premier était un procédé analogue à celui qu'on emploie, dans certains pays vignobles de France, pour les préserver des chenilles : aussitôt qu'on apperçoit les papillons du cotonnier, on dispose dans la plantation, sur les chenilles et sur les digues, des feux clairs et brillans ; les papillons, attirés par la lumière, viennent s'y brûler, et avec eux périt leur nombreuse postérité. Le deuxième moyen serait de transporter ici, et de chercher à y naturaliser, un oiseau de l'Inde, vulgairement appelé *Martin*, et par les naturalistes *Gracula tristis*, *Paradisea tristis*, d'un appétit très glouton. Les Martins font une guerre cruelle à toutes espèces d'insectes, et même aux petits quadrupèdes, comme souris, etc. La multiplication des Mombains, dans les plantations, peut aussi les préserver des insectes, en ce que ces arbres attirent toutes sortes d'oiseaux, et particulièrement les Culs-jaunes ou Casiques, qui y suspendent leurs nids, et tous les oiseaux se nourrissent plus ou moins d'insectes.

voisins du banc de sable. On avait eu l'idée d'ouvrir un canal de Macouria à la rivière de Cayenne, dans ces mêmes palétuviers, à peu de distance du banc de sable. L'objet de ce canal aurait été particulièrement de recevoir les eaux venant des savannes ou pripris, et de les dégorger dans la rivière de Cayenne ou de Macouria. En conséquence, M. Dupis Torcy, ... ingénieur-hydraulique, avait été envoyé pour faire le nivellement du terrein. M. De Loncelles, ancien officier d'artillerie, et moi, lui avons été adjoints dans cette opération, qui a été longue et pénible. C'est à la suite des fatigues de ce travail que MM. Torcy et De Loncelles, ont trouvé la mort. Il en a été ensuite de ce projet comme de tous ceux qui ont été conçus, dans ce pays, pour l'intérêt public; il a été abandonné après en avoir coûté au gouvernement les travaux préliminaires, et la vie à deux hommes distingués par leurs connaissances et leur caractère personnel.

La rivière de Macouria elle-même est très-peu de chose; elle prend sa source dans les savannes noyées; dans la saison des pluies, elle se déborde. On a bâti, sur cette rivière, un pont en charpente; c'est le seul maintenant qu'il y ait dans la colonie. En amont du pont, la rivière coule à travers des pripris ou savannes noyées, et est à peine navigable. L'embouchure de Macouria (avant le rapport des alluvions), était non loin et en aval du pont; de ce point elle coule à-peu-près parallèlement à la côte, sur un lit sans pente sensible; ce qui contribue à la formation des bancs de vase dont son embouchure est obstruée. Cette circonstance favorise encore le débordement de la rivière dans les tems de pluies.

KOUROU.

Ce nom réveille de tristes souvenirs, et rapelle tous

les malheurs de la nouvelle Colonie ! C'est en 1763, que le Ministre, pour faire oublier la perte du Canada, voulut réaliser la fatale chimère d'une Colonie cultivée par des bras blancs. On connaît trop l'issue malheureuse de ce funeste projet qui a coûté tant d'argent à la France, et la vie à 8 ou 10,000 hommes que le besoin ou l'appat de la fortune avait arrachés de leurs foyers, et qui ont trouvé la mort dans les déserts de Kourou ! Qu'est devenue cette immense population ? Où sont ces essaims d'hommes qui se pressaient sur ces plages brûlantes ? Aux lieux où s'agitait cette multitude, règnent, depuis long-tems, le silence et le repos de la mort ! La maison de Pariacabo, bâtie par M. de Préfontaine, au sommet d'un morne élevé, a survécu seule à tant de ruine. Seule elle apparait au milieu de ces tombes abandonnées ! Quelques mauvaises cases habitées par des nègres libres, surtout ce que l'on voit aujourd'hui à l'emplacement du bourg de Kourou. Les Jésuites avaient un établissement dans le haut de la rivière, sur la montagne dite montagne des Pères, et un autre sur la rive droite qui existait encore sous le nom de *Guatimala.* En général, les Jésuites avaient de fort belles habitations, comme St-Régis, le Maripa à Oyac et Loyola, à la côte ; ils ont contribué à fonder la Colonie.

Excepté quelques habitations qui sont sur le bord de la rivière, les autres de ce quartier sont situées sur les anses au bord de mer ; ce sont toutes de très-petites habitations ayant des ménageries. Nous avons déjà dit que les Ilets du Salut étaient situé à environ 4 lieues de l'embouchure de Kourou, jusqu'à Sinnamary, il y a plusieurs petites rivières qui dégorgent à la mer dont nous ne parlerons point ; on peut les voir sur les cartes.

SINNAMARY.

La rivière de Sinnamary est une des mieux connues de la Guyane. MM. Dessingy et Leblond, à des époques différentes, ont remonté une grande partie de son cours. Le bourg de Sinnamary est situé sur la rive droite vers l'embouchure.

Autrefois ce bourg était peuplé et ressemblait assez bien à un joli petit village de France. Les habitans se livrent plus particulièrement à l'éducation du bétail dont la souche vient du *Cap-Vert*, et a été envoyée ici, sur la demande de M. Maillard, ancien Administrateur de la Colonie; on y avait aussi transporté des buffles; mais ils ne se sont pas multipliés. Les savannes entre Kourou et Sinnamary, sont parsemées de ménageries, qui y ont très-bien réussi; mais elles devraient être dans un état plus prospère qu'on ne les voit aujourd'hui. Nous reviendrons sur ces ménageries auxquelles les savannes de Sinnamary et d'Yracoubo, paraissent naturellement destinées.

Autrefois la rivière de Sinnamary était habitée par un grand nombre d'*Indiens-Galibis*. Aujourd'hui ils ont tous ou presque tous déserté cette rivière; l'embouchure est obstruée par des bancs de sable, qui en rendent l'entrée difficile même aux petits bâtimens. C'est à Sinnamary qu'on avait transféré les déportés du 18 fructidor, dont la plupart y sont morts.

CONANAMA.

Entre la rivière de Sinamary et Yracoubo, est la rivière de Conanama, sur bord de laquelle était l'établissnment des prêtres déportés; l'emplacement en avait été déterminé dans instructions du ministre à l'agent du Gouvernement, sur les données de M. l'Escalier. Si c'est à ce célèbre philantrope que l'ont doit ce projet d'établissement et le choix du local, on conviendra qu'il ne pouvait pas mieux calculer pour accélérer la mort de ces nombreuses victimes. L'établissement tracé en forme de village, était situé dans l'endroit le plus triste et le plus mal-sain de la colonie ; c'est un bas fond entouré de marécages et de bois, où les vents ne circulent point, et peuplé de myriades d'insectes. Si à l'insalubrité du site, on ajoute la mauvaise nourriture qu'on donnait aux déportés, le peu de soin qu'on en avait dans leurs maladies, et peut-être les mauvais traitemens qu'on fesait éprouver, on se figurera aisément le désespoir de ces infortunés, et on sera plus étonné de la rapidité avec laquelle la mort les a moissonné. A quelques lieues plus loin, au bord de mer, ils n'eussent pas péri. La situation y est pittoresque, l'air pur et la nourriture abondante. Ces malheureux exposés, pendant leur vie, aux insultes et aux outrages des nègres attachés à leur service, étaient pillés par eux après leur mort, et le peu d'effets ou d'argent que les mourans laissaient à leurs compagnons pour solager leur misère, devenait la proie des brigands avides qui entourait leur lit de mort. Mais tous les déportés ne sont pas venus expirer sur cette terre de larmes et de désespoir! En arrivant à Cayenne, ils ont trouvé des cœurs sensibles et compatissans ; et un grand nombre a été accueilli, dans leurs proscription, par les habitans des divers quartiers, qui leur ont donné un azile! Gloire! honneur! aux hommes sensibles qui ont soulagé lexil de tant de malheureux que la patrie avait rejettés, et qui ont tendu une main secourable à ces infortunés, dont plusieurs avaient blanchi au service des autels!

Leblond, dans le haut de Simmamary, et plusieurs personnes de sa suite, ayant bu de l'eau de cette rivière, en furent incommodés et éprouvèrent des nausées; d'où il conclut que la rivière, dans cet endroit, coule sur un fond d'antimoine; mais comme il n'a point apporté d'autres preuves de l'existence de ce métal, on peut douter de son assertion. Leblond est devenu une autorité; la vérité est qu'il a très-peu voyagé dans l'intérieur des terres; mais il a remonté très-haut plusieurs rivières, entre autres celle de Sinnamary, dont il avait fait (à l'estime et à la boussole), un relevé très-exact, d'après lequel et sur son invitation, nous avons dressé une carte de cette rivière, presqu'en tous points, semblable à celle de M. Dessingy; d'où il résulte que ces deux cartes se servent de preuves réciproques.

Depuis les désastres de la nouvelle Colonie, la Guyane jouissait d'une très-mauvaise réputation; les déportations et les mortalités, dont elles furent suivies, ne firent que propager l'opinion défavorable qu'on avait de son climat. Aujourd'hui on reconnaît généralement que le pays est beaucoup plus sain que les Antilles: outre qu'il n'y a point de maladies endémiques, comme nous l'avons déjà dit, c'est qu'on n'éprouve point à la Guyane, ces convulsions de la nature, qui désolent les îles et ravagent le continent de la côte ferme, etc.; ici point d'ouragans, point d'éruptions volcaniques, point de tremblemens de terre; la nature est dans un calme profond (*a*).

IRACOUBO.

Depuis Sinnamary jusqu'à Iracoubo, les habitans sont établis sur les anses; d'autres ont des ménageries dans

(*a*) On a éprouvé quelquefois, à Cayenne, de légères secousses qui méritent à peine le nom de tremblemens de terre. Mr Mentelle, dans le journal de son voyage, parle d'un tremblement qu'il a éprouvé. A Approuague en 1809, un tremblement de terre se fit sentir, mais il ne dura que quelques secondes.

les savannes; sur les anses ils cultivent particulièrement le coton, ou ont des scies à planches. Quoique ces quartiers soient les moins importans, sous le rapport de la culture et de la population, ils offrent un bien grand intérêt comme propre aux hattes et aux ménageries. Il faut avoir traversé les immenses savannes qui sont comprises entre les deux rivières, pour se faire une idée de leur beauté. La nature semble les avoir faites pour être peuplées de troupeaux. Ce quartier doit être exclusivement affecté aux hattes et aux ménageries. Si le bétail s'y multipliait, au point que l'on doit espérer, il s'établirait bientôt un commerce avec les Antilles qui, étant situées sous le vent, recevraient toujours les animaux frais et d'autant mieux portans qu'ils n'auraient point eu à souffrir d'une longue traversée. Mais ces ménageries ont bien déchu de leur prospérité; plusieurs causes ont contribué à leur décadence, parmi lesquelles on peut assigner les dégoûts que les propriétaires ont éprouvés sous le Gouvernement portugais, et le privilège exclusif de la boucherie qui détruit la concurrence pour la vente du bétail; car le privilégié taxe en quelque sorte le prix des bestiaux, et le malheureux propriétaire est obligé de vendre pour exister et faire exister sa famille. Quelques primes d'encouragement éveilleraient l'émulation chez ces hommes intéressans que nous recommandons à la bienveillance des Administrateurs. On retrouve encore chez eux les mœurs et la simplicité de nos paysans de France, qui se sont perpétués dans les familles.

Ce quartier précieux par ses avantages naturels, a besoin (plus encore que tous les autres), de l'œil de l'Administrateur et de sa protection. Quand on a délivré des congés aux anciens militaires, si le Gouvernement leur avait fait l'avance de quelques têtes de bétail, et leur avait donné des concessions dans ces quartiers, pour les engager à s'y établir, ce petit avantage et la vie qui est plus abondante là qu'ailleurs, les auraient facilement déterminés; et aujourd'hui ces ménageries seraient en très-grand nombre. On aurait pu faire venir aussi de bonnes souches de chevaux et d'anes qui y auraient certainement réussi, et on aurait des mulets dont on a si grand besoin ici, pour les sucreries, et dont l'introduction est si rare et si difficile.

ORGANABO.

L'embouchure de cette rivière est tellement obstruée par des bancs de sable, qu'elle est à peine reconnaissable. Cette rivière a été remontée très-haut par M. Hamnont, ingénieur-géographe, qui en a donné une carte que l'on trouve au dépôt.

Plusieurs habitans d'Iracoubo y avaient transporté leurs établissemens, il y a quelques années. Ces habitans effrayés par le bruit qu'on avait répandu, que les nègres marrons de Surinam avaient traversé le Maroni, et craignant d'en être inquiétés abandonnèrent leurs nouvelles habitations et retournèrent à Yracoubo. Un seul (M. Florian), est resté et y a formé un joli établissement. C'est sur l'anse d'Organabo que l'on fait la péche de la Tortue. Voici comment on fait cette pêche ainsi nommée très-improprement : plusieurs personnes s'établissent sur les anses dans la saison de la ponte, et font le quart toutes les nuits, en se promenant le long de la mer; elles veillent attentivement les Tortues qui montent à terre pour déposer leurs œufs; quand elles les aperçoivent, elles les retournent sur le dos jusqu'au jour. Alors on les met dans des parcs que l'on a faits à la mer. Les seules Tortues que l'on prend à la mer, sont celles qui sont en *cavalage*, c'est-à-dire, qui sont accouplées. Quand les habitans aperçoivent de ces cavalage, ils vont les attaquer par canot, et ont la précaution de harponner la femelle pour avoir tout ensemble, la femelle et le mâle, qui n'abandonne jamais sa femelle tant qu'il ne se sent pas blessé. Si au contraire ils attaquaient le mâle, ils manqueraient la femelle qui s'échapperait inévitablement.

MANA.

A huit lieues d'Iracoubo est la rivière de Mana; aucun habitant ne s'est jamais établi dans cette rivière, qui n'est distante que de trois lieues du Maroni; par conséquent elle est très-peu connue. Il serait intéressant d'en faire la reconnaissance, et d'avoir une carte exacte de son cours; cette rivière étant tout-à-fait vierge, si je puis m'exprimer ainsi, on y établirait avec avantage des *Scies à planches*, et on pourrait même y faire des bois de construction pour les Antilles et pour l'Europe. Ses bords seraient peut-être propres à être cultivés. Nous insistons donc sur la necessité de faire reconnaître cette rivière d'où la Colonie tirerait peut-être une infinité d'avantages ignorés et qu'on ne soupçonne même pas.

MARONI.

Autrefois nous avions un poste militaire à Maroni, vis-à-vis de celui des Hollandais, sur la rive opposée. Il est abandonné depuis long-tems. Le cours de Maroni est bien connu, et nous en avons de bonnes cartes au dépôt. Nous avons parlé ailleurs de renseignemens sur les nègres marrons de Maroni, qui existent aussi au dépôt : on peut les consulter au besoin. M. de la Brégonnière, officier de la garnison, très-intelligent, qui avait été long-tems en détachement au poste du Maroni, avait remonté cette rivière, et possédait des relevés très-détaillés et très-intéressans du Maroni et de Mana, que j'ai vus dans le tems et qu'on pourrait se procurer peut-être de ceux qui ont recueilli la succession.

Nous avons parlé, dans le cours de ce mémoire, d'une carte que nous nous proposons de donner pour rendre plus claires et plus sensibles une infinité de choses que nous avons dites, et nous allons nous en occuper de suite.

Nous n'avons pas prétendu faire un ouvrage; nous avons émis nos idées et offert le résultat de nos connaissances, sur le pays. Nous le répétons, nous serons très-heureux, si on y trouve quelque chose d'utile, et nous n'aurions jamais entrepris ce mémoire, si nous n'étions assurés qu'en raison de l'intention qui nous a guidés, il serait favorablement accueilli par le Gouvernement et le public.

FIN.

TABLE
DES TITRES.

FIN DE LA TABLE.

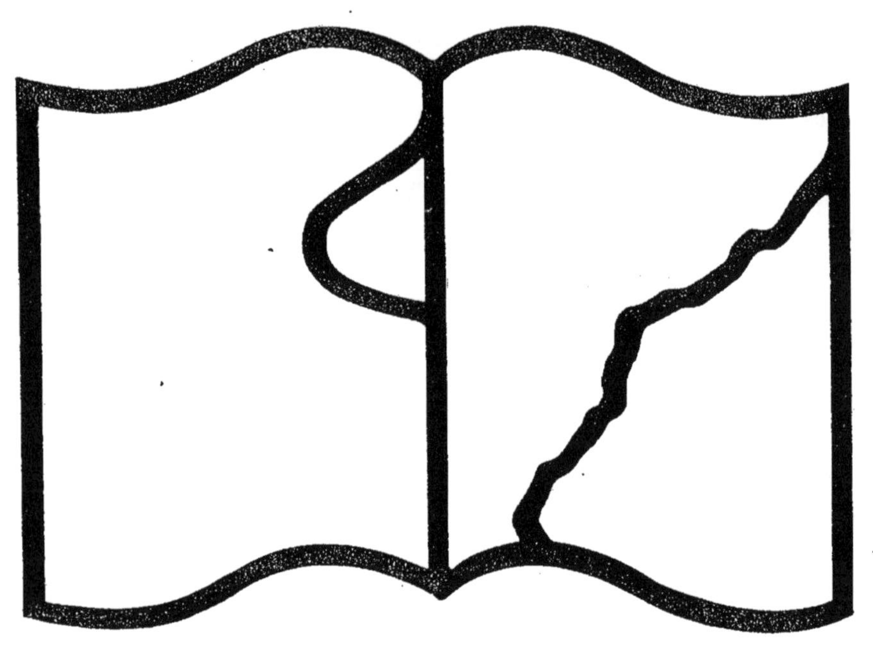

Texte détérioré — reliure défectueuse

NF Z 43-120-11

www.ingramcontent.com/pod-product-compliance
Ingram Content Group UK Ltd.
Pitfield, Milton Keynes, MK11 3LW, UK
UKHW012233240726
13966UKWH00003B/1081

9 782012 922730